ENTDECKEN – BESTIMMEN – BEOBACHTEN

UNTERWEGS ZUM VOGELGUCKEN

KOSMOS

LOS GEHT'S

Oft kannst du einen Vogel schon an seinem Gesang erkennen, bevor du ihn tatsächlich entdeckt hast. Ganz einfach geht das mit der kostenlosen „KOSMOS Plus" App. Jeder Vogel hier im Buch hat in seinem Steckbrief einen dreistelligen Code. Gib ihn in die App ein, und du kannst dir seinen Gesang anhören. Probiere es aus!

- Besuche den App Store oder Google Play.
- Lade die kostenlose App „KOSMOS Plus" auf dein Mobilgerät.

- Öffne die App und lade die Inhalte für den Band „Unterwegs zum Vogelgucken" herunter.
- Gib den in der Sprechblase **001** genannten Zahlencode aus dem Steckbrief, z.B. 001, in die App ein. Jetzt kannst du die Vogelstimme hören.

Mehr Informationen findest du unter **plus.kosmos.de**

etwa 70 cm

65 bis 74 cm

Die Maße oben bezeichnen die Flügelspannweite.

Unten steht die Körpergröße; bei Vögeln misst man von der Schnabel- bis zur Schwanzspitze.

etwa 25 cm

13,5 bis 15 cm

4/4 Zollstock: sehr großer Vogel; so groß wie eine Gans oder sogar noch größer

Wenn du meinst, einen Vogel erkannt zu haben, prüfe doch mal mit einem Blick in den Steckbrief, ob die Größenangabe dazu passt. Die Monatsleiste gibt an, wann du den Vogel bei uns beobachten kannst.

Flügelspannweite = schwarzes Symbol
Körpergröße = Zollstock, weißes Vogelsymbol
♂ = Männchen, ♀ = Weibchen

1/4 Zollstock: kleiner Vogel; etwa so groß wie ein Spatz

2/4 Zollstock: mittelgroßer Vogel; etwa so groß wie eine Amsel

3/4 Zollstock: großer Vogel; etwa so groß wie eine Krähe

IM FRÜHLING

Endlich Frühling! Überall hörst du lautes Vogelgezwitscher. Die Männchen singen um die Wette, um Weibchen anzulocken und ihr Revier zu verteidigen. Also nichts wie raus, es gibt viel zu entdecken!

BRUTZEIT

Die meisten Vögel brüten im Frühling. Emsig sind sie damit beschäftigt, ihre Nester zu bauen. Beobachte Amseln, Haussperlinge und Blaumeisen beim Sammeln von Nistmaterial. Siehst du, wie geschickt sie sich kleine Äste und Halme in den Schnabel klemmen? Mit vollgestopftem Schnabel starten sie dann zum Flug Richtung Nestbaustelle.

SO KANNST DU HELFEN

Klemme weiche Gräser, Wolle, Daunenfedern aus alten Kissen, Katzen- oder Hundehaare in Kiefernzapfen. Befestige einen Faden und hänge die Zapfen in Bäume oder Büsche. Du kannst das Material auch auf dem Boden verteilen und in Äste klemmen – oder einfach einen Meisenknödelhalter befüllen. Jetzt ist auch die richtige Zeit, um Sonnenblumen im Garten oder auf dem Balkon zu säen. Damit lockst du im Herbst Stieglitze und andere Körnerfresser an.

Stunde der Gartenvögel

Vögel beobachten und dabei Preise gewinnen? Jedes Jahr im Mai gibt es die Aktion „Stunde der Gartenvögel": Zähle eine Stunde lang alle Vögel, die du rund um dein Haus, im Garten oder Park siehst, und melde deine Ergebnisse an den NABU. Mit etwas Glück gehörst du zu den Gewinnern!

Weitere Infos findest du unter:
www.stundedergartenvoegel.de

Nistmaterial

IM SOMMER

Spatzen mögen Sandbäder!

Die Tage werden wärmer und du hörst immer weniger Vögel singen. Die Vogeleltern haben jetzt alle Schnäbel voll zu tun, ihren Nachwuchs zu versorgen. An heißen Tagen finden Vögel oft kein Wasser. Hilf ihnen mit einer Wasserstelle.

Huuuunger!

BUNTES TREIBEN

Stelle dich unter einen Nistkasten und spitze die Ohren! Hörst du das leise Piepsen der Küken? Achte einmal darauf, wie oft die Eltern hin- und herfliegen, um ihren Kindern Futter zu bringen. Pausenlos sind sie unterwegs. Nach ein paar Tagen wagen die jungen Vögel ihre ersten Flugversuche. Das sieht am Anfang ziemlich unbeholfen aus. Doch keine Sorge, schon nach kurzer Zeit können sie super fliegen. In Nistkästen kannst du kunstvoll gebaute Nester finden. Einige Vögel sammeln dafür kleine Äste und Grashalme, andere benutzen Moos oder Holzspäne. Es gibt auch Vogelarten, die ihre Eier ohne jede Polsterung auf den Boden der Nisthöhle legen.

SO KANNST DU HELFEN

Vögel brauchen Wasser zum Trinken und Baden – und Spatzen freuen sich über einen Sandbadeplatz. Suche dir eine sonnige und freie Stelle in Sichtweite. So kannst du die Vögel später gut beobachten. Fülle eine große Schale mit Wasser und eine flache Mulde oder einen großen Blumenuntersetzer mit feinem Sand. Damit die Vögel gesund bleiben, musst du das Wasser täglich auswechseln und die Schale regelmäßig mit einer Bürste reinigen. Halte den Sand sauber, indem du ihn über Nacht abdeckst und regelmäßig austauschst.

Die Schwalben versammeln sich oft auf Stromleitungen, bevor sie ihre Reise nach Afrika antreten.

IM HERBST

Im Herbst ist Erntezeit! Ringsherum siehst du Vögel, die Vorräte für den Winter sammeln oder sich ein Fettpolster für die Reise in ihr Winterquartier anfuttern. Viele Zugvögel sammeln sich jetzt auf Feldern und Wiesen in großen Schwärmen.

AUFBRUCHSTIMMUNG

Viele Vögel ziehen im Herbst Richtung Süden. Sie verbringen den Winter in wärmeren Gebieten, weil es hier bei uns nicht genug Nahrung gibt. Am Himmel kannst du jetzt große Vogelschwärme entdecken. Achte auf die V-Formationen fliegender Gänse. Die meisten Arten ziehen jedoch nachts. Durch Zugrufe halten sie untereinander Kontakt. Langstreckenzieher legen sehr weite Strecken zurück, sie überwintern südlich der Sahara.

Kurzstreckenzieher fliegen je nach Wetterlage und Nahrungsangebot bis zu 2000 km, Mittelstreckenzieher bis zu 6000 km. Standvögel bleiben das ganze Jahr im Brutgebiet.

SO KANNST DU HELFEN

Sobald der letzte Jungvogel ausgeflogen ist, solltest du die alten Nester aus den Nistkästen entfernen und den Innenraum gründlich ausfegen. So werden auch Parasiten wie Vogelmilben, Flöhe oder Zecken beseitigt. Ziehe dir für die Säuberung Handschuhe an und wasche danach deine Hände!

Mach mit!

Bäume mit Hohlräumen oder leeren Spechthöhlen gibt es immer weniger. Du kannst Höhlenbrütern wie Meisen oder Spatzen helfen, indem du ihnen einen Nistkasten baust. Anleitungen findest du im Internet unter: NABU Nistkasten selber bauen.

Mit Bausatz und Hilfe kinderleicht!

IM WINTER

Stille ist eingekehrt. Viele Vögel suchen in größeren Trupps gemeinsam nach Nahrung. Du kannst ihnen ganz leicht helfen – mit einem Vogelhaus und dem richtigen Futter. Am Futterhäuschen erlebst du die Vögel hautnah.

DER KÄLTE TROTZEN

Um ihre Körpertemperatur aufrechtzuerhalten, brauchen Vögel im Winter viel Energie. Deshalb sind sie hauptsächlich mit der Nahrungssuche beschäftigt. Außerdem nehmen sie Sonnenbäder, um Wärme zu tanken. Bei großer Kälte siehst du überall kleine Federkugeln mit Schnabel: Vögel können ihre Federn aufplustern und so ihren Körper vor Kälte isolieren – das wirkt wie eine Daunenjacke bei dir!

SO KANNST DU HELFEN

Richte einen Winterfutterplatz ein (Bauanleitungen gibt es beim NABU im Internet). Biete verschiedenes Futter an wie Sonnenblumenkerne, Meisenknödel oder anderes Fettfutter, Rosinen, halbierte Äpfel oder Birnen. Bitte füttere kein Brot oder sonstige Lebensmittelreste. Davon können Vögel krank werden. Achte darauf, dass das Futter nicht verschimmelt und die Futterstelle immer sauber ist, damit sich keine Krankheiten ausbreiten.

Weitere Infos findest du unter:
www.stunde-der-wintervoegel.de

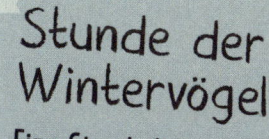

Stunde der Wintervögel

Eine Stunde lang Vögel zählen – diese Mitmachaktion gibt es auch im Winter. Lege dich am ersten Wochenende im Januar auf die Lauer und notiere deine Beobachtungen. Wie viele verschiedene Arten hast du entdeckt? Melde deine Daten an den NABU.

Hier hat ein Habicht einen Buntspecht erbeutet und gefressen.

SPURENSUCHE

Fußabdrücke von Vögeln hast du sicher schon häufiger entdeckt. Halte Ausschau nach weiteren Zeichen wie Federn oder angepickten Samen. Finde heraus, wer dort seine Spuren hinterlassen hat!

8

FUSSSPUREN

Am Strand oder an Seeufern findest du breite Abdrücke von Schwimmhäuten von Möwen, Enten, Gänsen oder Schwänen. Amseln oder andere Singvögel hinterlassen feine, dünne Spuren. Deutlich kannst du die drei nach vorn gerichteten Zehen und die Hinterzehe erkennen.

Amsel

Schwan

Graureiher-Spur

Mäusebussard

Taube

Eichelhäher

FEDERN

Regelmäßig mausern Vögel ihr Gefieder. Dann fallen alte Federn aus und werden durch neue ersetzt. Wenn ein Vogel erbeutet wurde, findest du an einer Stelle viele ausgerupfte oder abgebissene Federn. Einige Federn sind leicht zu bestimmen.

EIERSCHALEN

Eierschalen können die Reste der Mahlzeit eines Eierräubers sein. Oder Vogeleltern haben die Schalenreste nach dem Schlüpfen der Küken aus dem Nest geworfen. Eier von Höhlenbrütern sind oft weiß. Sie sind gut versteckt und brauchen keine Tarnfärbung. Vögel, die ihre Eier in Nester legen oder am Boden brüten, haben dagegen oft perfekt getarnte Eier in verschiedenen Farben und Musterungen.

Wichtig zu wissen!

Findest du ein Nest mit Gelege, musst du dich sofort zurückziehen. Jede Störung kann die Vogeleltern beunruhigen. Manche Vögel hören dann mit dem Brüten auf. Das Einsammeln von Eiern verbietet das Naturschutzgesetz.

Kiebitzeier müssen gut getarnt sein.

Möwengewölle mit Muschel- und Schneckenschalenresten

Gewölle eines Greifvogels

GEWÖLLE

Viele Vögel scheiden unverdauliche Nahrungsreste wie Knochen, Schalenreste von Muscheln, Haare oder Federn wieder aus. Sie würgen diese Speiballen, das sogenannte Gewölle, durch den Schnabel wieder aus. Besonders bekannt dafür sind Eulen oder Greifvögel.

NESTER

Im Winter, wenn die Bäume ihre Blätter abgeworfen haben, kannst du verschiedene Vogelnester entdecken. Zilpzalpe und Zaunkönige bauen bodennah kleine kugelförmige Nester. Die Nester von Amseln, Buchfinken und Rotkehlchen sind fein geflochten und napfförmig. Ringeltauben, Rabenkrähen oder Elstern bauen Nester, die grob und unordentlich aussehen.

Mach mit!

Mit Lupe und Pinzette kannst du die Gewölle untersuchen und herausfinden, was der Vogel gefressen hat. An Gewöllen, Federn und anderen Hinterlassenschaften können sich aber Krankheitserreger befinden. Du kannst Handschuhe anziehen.

Wasche dir nach der Forschung die Hände gründlich mit Seife!

FRASSSPUREN

Buntspechte hinterlassen zerzauste Fichtenzapfen. Genau wie der Kleiber stecken sie außerdem Nüsse, Bucheckern oder Sonnenblumenkerne in Holzspalten, um sie zu öffnen. Achte auf Schalenreste! Auf Strandpromenaden findest du Reste von Muscheln, die von Möwen geöffnet wurden.

Leeres Amselnest

Amselspuren: angepickter Apfel und geknackte Schnecken

Buntspecht

Feldmaus

Eichhörnchen

Frühaufsteher:
das Rotkehlchen

Schlafmütze: Der Buntspecht steht
erst nach Sonnenaufgang auf.

WER SINGT DENN DA?

Danach wird geklopft
und nicht gesungen.

**Jede Vogelart hat eigene Rufe und ihren eigenen Gesang.
Erkennst du die Stimmen, kannst du viele Vögel leichter entdecken.**

„Hallo, hier bin ich!" Lauthals singen im Frühling die Männchen, um ihr Revier gegen Artgenossen abzugrenzen und Weibchen anzulocken. Mit unterschiedlichen Rufen halten Vögel untereinander Kontakt oder warnen vor Feinden.

FRÜH AUFSTEHEN LOHNT SICH!

Die Vögel beginnen lange vor Sonnenaufgang und nacheinander mit ihrem Gesang – da kannst du ihre Stimmen viel leichter unterscheiden als später am Vormittag, wenn alle gleichzeitig singen.

Doch woher wissen die Vögel, wann sie mit dem Gesang beginnen sollen? Entscheidend für den Gesangsbeginn ist der Grad der Morgendämmerung. Es hängt also vom Zeitpunkt des Sonnenaufgangs ab. Da dieser sich im Verlauf des Frühjahrs ändert, ändert sich auch der Gesangsbeginn. Auf der beigelegten Vogeluhr findest du die genauen Zeitangaben für einige häufige Vogelarten.

Lauschaktion!

Schließe die Augen und sei ganz leise. Wie viele verschiedene Gesänge hörst du? Es ist gar nicht so wichtig, dass du weißt, wer da singt, und die Vögel benennen kannst. Nimm einfach nur wahr, wie viele unterschiedliche Gesänge du hörst. Mit ein bisschen Übung, wirst du schon bald neue Stimmen heraushören.

Wer hört die meisten Vogelarten innerhalb der nächsten zehn Minuten?

JETZT ABER RAUS ZUM VOGELGUCKEN!

Grünfinken-
weibchen

Viel brauchst du nicht, um Vögel zu erforschen. Ein Fernglas, ein Bestimmungsbuch sowie ein kleines Notizbuch und einen Stift, schon ist deine Ausrüstung komplett.

WO GEHT ES HIN?

Ob im Garten, auf dem Spielplatz, an einem Teich oder im Wald: Vögel kannst du überall, zu jeder Jahres- und Tageszeit beobachten. Denke daran, dich angemessen zu kleiden und bei einer längeren Exkursion etwas zum Trinken und zum Essen mitzunehmen.

GEMEINSAM UNTERWEGS

Zusammen mit Freunden machen neue Entdeckungen viel mehr Spaß, und in der Gruppe bist du sicherer. So könnt ihr aufeinander achtgeben. Du kannst dich auch einer der Vogelwanderungen anschließen, die an vielen Orten von Naturschutzorganisationen angeboten werden.

SICHERHEIT GEHT VOR!

Lasst euch bei der Benutzung des Fernglases von euren Eltern helfen. Und geht bei längeren Exkursionen nicht ohne Begleitung eines Erwachsenen los. Das gilt besonders, wenn das Ziel ein Gewässer ist!

Achtung!

Mit einem Fernglas kannst du Vögel beobachten, ohne sie zu stören. Achte aber darauf, niemals mit dem Fernglas direkt in die Sonne zu schauen! Die Linsen des Fernglases bündeln und verstärken die Sonnenstrahlen. Dies kann zu ernsthaften Augenschäden führen!

Bloß nicht in die Sonne gucken!

Wer reißt hier den Schnabel auf?

Rotkehlchenküken

IN DEINER NÄHE

Rund um dein Zuhause gibt es viel zu entdecken. Du brauchst nur vor die Tür zu treten. Halte Augen und Ohren offen und mach dich auf die Suche!

Eine Amsel stöbert auf dem Rasen nach Würmern und über den Dächern hörst du die schrillen Schreie der Mauersegler. Rauchschwalben bauen ihre Nester in Scheunen und in offenen Ställen. Mitten in der Innenstadt tummeln sich Straßentauben und Spatzen.

Die in Dörfern und Städten lebenden Vögel haben sich besonders gut an die von Menschen geschaffenen Lebensräume angepasst. Hier finden sie alles, was sie zum Leben brauchen. Man nennt sie Kulturfolger.

HAUPTSACHE HÖHLE

Blaumeisen und Kohlmeisen sind Höhlenbrüter, dabei aber nicht sehr wählerisch. Ein Nistkasten lockt sie in deinen Garten.

Blaumeisen und Kohlmeisen ziehen als Nachmieter gern in verlassene Spechthöhlen. Sie brüten aber ebenso in Nistkästen, Mauerlöchern, Felsspalten, Eichhörnchenkobeln und gelegentlich sogar in Laternenmasten oder Briefkästen. Meisen werden häufig nicht sehr alt. Deswegen bekommen sie viele Kinder.

Kohlmeisen legen sechs bis zwölf Eier. Blaumeisen haben bis zu 15 Eier im Nest. Wenn die Küken schlüpfen, sind sie nackt und blind. Die kleinen Vögel werden von ihren Eltern gefüttert, bis sie selbstständig nach Nahrung suchen können. Im Winter schließen sich Kohlmeisen und Blaumeisen häufig zu gemischten Meisentrupps zusammen. So sind sie sicherer vor Feinden, denn ein Vogel passt immer auf.

Reinigen ist wichtig.

Mach mit!

Nach der Brutzeit müssen Nistkästen gesäubert werden. Siehst du, wie kunstvoll die Blaumeise ihr Nest aus kleinen Wurzeln, Grashalmen und Moos gebaut hat? Die Nestmulde ist mit Wolle, Tierhaaren, Federn oder anderem feinen Material weich ausgepolstert.

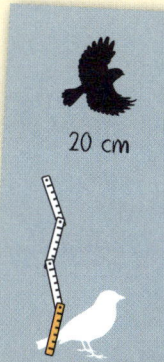

20 cm

10,5 bis 12 cm

NAME: Blaumeise

001

auch in Wäldern

JAN.	FEB.	MÄRZ	APRIL	MAI	JUNI	JULI	AUG.	SEPT.	OKT.	NOV.	DEZ.

NAHRUNG:

Insekten, Spinnen und Samen

MERKMALE:

Blaues Käppchen, weiße Wangen und gelbe Unterseite

BESONDERHEIT:

Blaumeisen können mit ihrem Schnabel Insektenlarven aus Schilfhalmen hacken.

blaues Käppchen

weiße Wange

NAME: Kohlmeise

002

auch in Wäldern

JAN.	FEB.	MÄRZ	APRIL	MAI	JUNI	JULI	AUG.	SEPT.	OKT.	NOV.	DEZ.

NAHRUNG:

Insekten und Samen

MERKMALE:

Glänzend schwarzer Kopf, weiße Wangen und gelber Bauch

BESONDERHEIT:

Die Kohlmeise ist unsere größte und stärkste Meise.

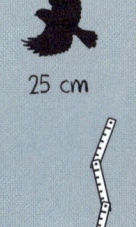

25 cm

13,5 bis 15 cm

Gesehen und notiert:

Meisen sind sehr geschickt und haben einen kräftigen Schnabel – und sie lieben Sonnenblumenkerne. Am Futterhaus kannst du gut beobachten, wie sie die kleinen Kerne mit den Zehen festhalten und die Schale dann mit ihrem Schnabel öffnen.

DER FRÜHE VOGEL FÄNGT DEN WURM

Höre genau hin, am Gesang kannst du Rotkehlchen und Hausrotschwanz gut voneinander unterscheiden. Rotkehlchen singen bis spät in die Nacht.

Früh aufstehen lohnt sich! Rotkehlchen und Hausrotschwänze beginnen lange vor Sonnenaufgang mit ihrem Gesang. Da so früh am Morgen noch nicht viele Vögel singen, kannst du ihre Stimmen viel leichter lernen. Der Gesang des Hausrotschwanzes klingt heiser und kratzend, als müsste er die Töne mühsam herauspressen. Das Rotkehlchen hat eine klare Stimme. Seine Melodie klingt melodisch und ein bisschen traurig.

Das Rotkehlchen ist überall häufig, wo es dichtes Unterholz und undurchdringliches Gestrüpp unter Büschen und Bäumen gibt. Seine orangerote Brust leuchtet schon von Weitem. Der Hausrotschwanz kommt als einzige Vogelart Europas vom Flachland bis in die höchsten Gebirgszonen vor. Er ist den Menschen in die Dörfer und Städte gefolgt. Sein Nest baut er in Nischen oder Spalten von Gebäuden oder Felswänden.

Schau mal!

Rotkehlchenkinder sehen ganz anders aus als ihre Eltern. Sie haben noch keine orangerote Brust. Ihr Gefieder ist braun gefleckt. So sind sie im Nest oder am Boden bestens getarnt und fast unsichtbar für ihre Feinde.

„Fast unsichtbar"

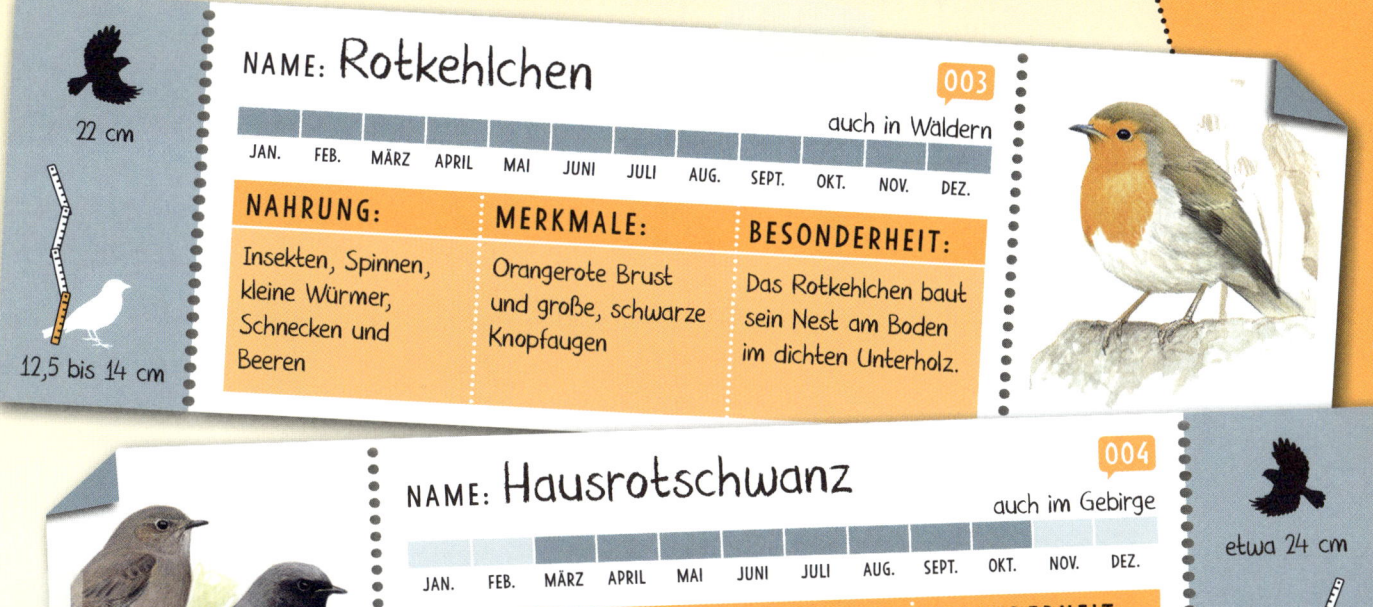

NAME: Rotkehlchen

003

auch in Wäldern

JAN.	FEB.	MÄRZ	APRIL	MAI	JUNI	JULI	AUG.	SEPT.	OKT.	NOV.	DEZ.

22 cm

12,5 bis 14 cm

NAHRUNG:

Insekten, Spinnen, kleine Würmer, Schnecken und Beeren

MERKMALE:

Orangerote Brust und große, schwarze Knopfaugen

BESONDERHEIT:

Das Rotkehlchen baut sein Nest am Boden im dichten Unterholz.

NAME: Hausrotschwanz

004

auch im Gebirge

JAN.	FEB.	MÄRZ	APRIL	MAI	JUNI	JULI	AUG.	SEPT.	OKT.	NOV.	DEZ.

etwa 24 cm

13 bis 14,5 cm

NAHRUNG:

Insekten und Spinnen

MERKMALE:

♂ dunkelgraues Gefieder; ♀ graubraunes Gefieder, beide mit rotem Schwanz

BESONDERHEIT:

Das Männchen startet frühmorgens als erster Vogel mit seinem Gesang.

Gesehen und notiert:

Hausrotschwänze und Rotkehlchen kannst du oft auf dem Zaun oder einer anderen erhöhten Stelle sitzen sehen. Dort halten sie aufmerksam nach vorbeifliegenden oder am Boden laufenden Insekten Ausschau, die sie dann im Sturzflug erbeuten.

KUNSTVOLLE NESTBAUER

Mehlschwalben-
nester

Wohnen in der Reihenhaussiedlung – Mehlschwalben nisten gern Wand an Wand. Rauchschwalben bevorzugen allein stehende Nester.

Hast du schon einmal ein Schwalbennest unter einem Dachvorsprung oder in einem Stall gesehen? Du kannst leicht dahinter kommen, wer es gebaut hat: Mehlschwalben brüten außen an Gebäuden. Sie sind Koloniebrüter. Mehrere Paare brüten dicht nebeneinander. Findest du dagegen ein Nest im Inneren von Gebäuden, sind Rauchschwalben die Bewohner. Die halbkugelförmigen Nester der Mehlschwalben bestehen aus lehmhaltiger Erde.

Diese vermischen sie mit Speichel. Für ein Nest benötigen sie etwa 700 bis 1500 Lehmklümpchen. Rauchschwalben vermischen den feuchten Schlamm vorher mit Strohhalmen. Achte auf die herausragenden Halme! Zum Schluss polstern die Schwalben ihre Nestmulde mit Federn oder Tierhaaren aus. Mehlschwalben kommen bis in die Innenstädte vor. Rauchschwalben leben eher in ländlichen Gegenden. Beide Schwalbenarten sind Zugvögel.

Wichtig zu wissen!

Insekten fliegen nur bei gutem Wetter. Wenn es über einen längeren Zeitraum kalt und regnerisch ist, fallen Schwalben in eine sogenannte „Kältestarre". Dabei senken sie ihre Körpertemperatur um einige Grad ab. So können sie ihren Energieverbrauch um die Hälfte verringern und einige Tage ohne Nahrung überdauern.

Hungrige
Rauchschwalbenküken

Wo bleiben die
leckeren Fliegen?

NAME: Mehlschwalbe

auch über Wiesen, Gewässern und Feuchtgebieten

JAN.	FEB.	MÄRZ	APRIL	MAI	JUNI	JULI	AUG.	SEPT.	OKT.	NOV.	DEZ.

NAHRUNG:	MERKMALE:	BESONDERHEIT:
Fliegende Insekten	Dunkelblauer Kopf und Rücken mit metallischem Schimmer, weiß: Unterseite, Bürzel	Die Beine und die Füße sind weiß befiedert.

28 cm

13,5 bis 15 cm

Bürzel

19

NAME: Rauchschwalbe

rötliche Kehle

auch über Wiesen, Gewässern und Feuchtgebieten

JAN.	FEB.	MÄRZ	APRIL	MAI	JUNI	JULI	AUG.	SEPT.	OKT.	NOV.	DEZ.

NAHRUNG:	MERKMALE:	BESONDERHEIT:
Fliegende Insekten und Spinnen	Dunkelblaue Oberseite mit metallischem Schimmer, weißer Bauch, rötliche Kehle	Rauchschwalben haben sehr lange Schwanzspieße.

34 cm

17 bis 21 cm

Gesehen und notiert:

Schwanzspieße

An bewölkten Sommertagen fliegen die Insekten besonders tief. Dann kannst du Schwalben auf der Jagd nach Insekten am besten beobachten. Siehst du den tief gegabelten Schwanz der Rauchschwalbe rechts im Unterschied zu Mehlschwalben?

ZEIGE MIR DEINEN SCHNABEL ...

und ich sage dir, was du frisst. An der Schnabelform erkennst du, welches die Lieblingsnahrung eines Vogels ist.

Haussperlinge und Grünfinken haben kräftige, kurze und dicke Schnäbel. Damit können sie Samenkörner leicht knacken. Haussperlinge ernähren sich überwiegend von Getreidekörnern. Grünfinken fressen gern Sonnenblumenkerne und andere große Samen. Spatz oder Sperling? „Spatz" ist der Spitzname für Sperling, so wie Kathi für Kathrin oder Flo für Florian. „Hausspatz" ist deshalb ganz einfach der Kosename für „Haussperling".

Kaum ein Vogel ist so bekannt. Kein Wunder, denn du findest Hausspatzen fast überall dort, wo Menschen leben. Sie sind nicht sehr scheu und leicht zu beobachten. Vor allem im Winterhalbjahr kannst du sie häufig gemeinsam mit Grünfinken bei der Nahrungssuche auf Feldern beobachten. Beide kommen auch gern ans Futterhäuschen. Grünfinken erkennst du an ihrem olivgrünen Gefieder und den leuchtend gelben Federn auf den Flügeln und am Schwanz.

Ganz schön sandig ...

Erstaunlich!

Spatzen lieben es, im Sand zu baden. Sie ducken sich dicht an den Boden, spreizen ihre Flügel, wackeln mit dem ganzen Körper und seifen sich dabei gründlich mit Sand ein. Danach schütteln und putzen sie ihr Gefieder. So werden sie Schmutz und Parasiten los.

An Futterstellen kannst du oft Spatz und Grünfink gemeinsam beobachten.

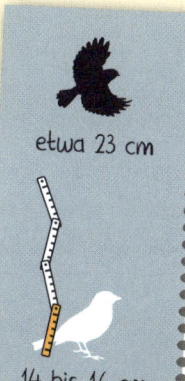

etwa 23 cm

14 bis 16 cm

NAME: **Haussperling, Spatz**

007

auch auf Feldern und Wiesen

JAN.	FEB.	MÄRZ	APRIL	MAI	JUNI	JULI	AUG.	SEPT.	OKT.	NOV.	DEZ.

NAHRUNG:

Samen und Insekten

MERKMALE:

♂ mit braun gestreifter Oberseite, grauem Scheitel, schwarze Kehle; ♀ graubraun

BESONDERHEIT:

Spatzen sind Koloniebrüter.

grauer Scheitel

gelbe Flügelbinde

NAME: **Grünfink, Grünling**

008

auch auf Feldern und Wiesen

JAN.	FEB.	MÄRZ	APRIL	MAI	JUNI	JULI	AUG.	SEPT.	OKT.	NOV.	DEZ.

NAHRUNG:

Samen

MERKMALE:

♂ grün mit gelber Flügelbinde, kräftiger heller Schnabel; ♀ blass-braungrün

BESONDERHEIT:

Grünfinken brüten gern in immergrünen Kletterpflanzen und Nadelbäumen.

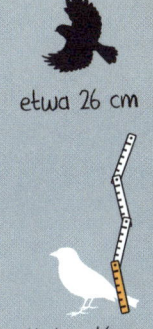

etwa 26 cm

14 bis 16 cm

Gesehen und notiert:

Im Frühling und Sommer kannst du den lang anhaltenden trillernden Gesang der Grünfinken hören. Die Männchen tragen ihr Lied aus hohen Bäumen oder im Singflug vor. Dabei fliegen sie fledermausartig mit flatternden Flügelschlägen wellenförmig durch die Luft.

BEEINDRUCKENDE FLUGKÜNSTLER

**... und blitzschnelle Jäger sind Mauersegler
und Sperber. Beobachte, in welchen engen Kurven beide fliegen können.**

Mauersegler sind typische Sommervögel. Sie überwintern in Afrika und kehren erst im Mai zu uns zurück. Dann hörst du ihre rauen und schrillen Rufe über den Dächern der Häuser. Mit ihren schmalen, sichelförmigen Flügeln sind sie perfekt an ein Leben in der Luft angepasst. Rasend schnell fliegen sie auf der Jagd nach Insekten über den Himmel. Sie verbringen fast ihr ganzes Leben in der Luft. Sie trinken fliegend von Wasseroberflächen und schlafen sogar im Flug. Zum Brüten suchen sie sich Hohlräume in Gebäuden.

Plötzlich schießt ein Vogel in niedriger Höhe pfeilschnell durch den Garten. Bestimmt hast du gerade einen Sperber gesehen. Sperber sind Überraschungsjäger. Sie verstecken sich in Bäumen, Büschen oder Gebäuden und lauern Kleinvögeln auf, die sie dann in kurzen schnellen Verfolgungsflügen jagen und blitzschnell mit den Füßen ergreifen.

Enge Flugkurven sind typisch für Mauersegler.

Schau mal!

Mauersegler kreisen häufig gemeinsam mit Schwalben am Himmel. Achte auf die sichelförmige Gestalt der deutlich größeren Mauersegler. Zudem sind sie im Unterschied zu Mehl- und Rauchschwalben einfarbig dunkel.

Die Taube hat gegen den schnellen Sperber keine Chance.

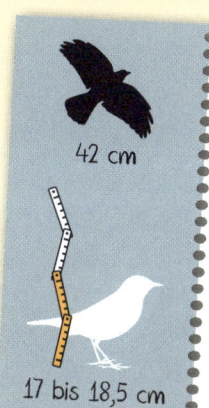

42 cm

17 bis 18,5 cm

NAME: **Mauersegler**

009

auch über Gewässern

JAN.	FEB.	MÄRZ	APRIL	MAI	JUNI	JULI	AUG.	SEPT.	OKT.	NOV.	DEZ.

NAHRUNG:	MERKMALE:	BESONDERHEIT:
Fliegende Insekten, Spinnen	Schwarzbraunes Gefieder mit heller Kehle	Die Fluggeschwindigkeit im Sturzflug beträgt bis zu 200 km/h.

helle Kehle

NAME: **Sperber**

010

auch in Wäldern

JAN.	FEB.	MÄRZ	APRIL	MAI	JUNI	JULI	AUG.	SEPT.	OKT.	NOV.	DEZ.

NAHRUNG:	MERKMALE:	BESONDERHEIT:
Vögel	♂ blaugraues Gefieder, rostrot gebänderte Unterseite; ♀ braungrau gebändert	Die Weibchen sind größer und fast doppelt so schwer wie die Männchen.

70 cm

29 bis 41 cm

Gesehen und notiert:

Hält sich ein Sperber im Garten auf, kannst du das an der heftigen Reaktion der Kleinvögel erkennen. Mit aufgeregtem Gezeter und lauten Rufen warnen sie vor dem Feind. Suche die Büsche und Bäume mit dem Fernglas ab! Wo hält er sich versteckt?

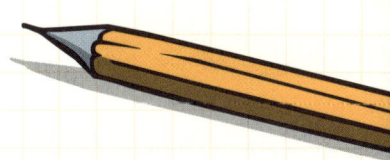

WURMJÄGER UND STIMMENIMITATOR

Schwarz ist nicht gleich Schwarz. Je nach Lichteinfall schimmert das schwarze Gefieder vieler Vögel in den verschiedensten Farbtönen.

Schau dir den Star einmal genauer an. Siehst du, wie prächtig seine Federn metallisch grün und purpurfarben glitzern? Nicht nur deshalb macht er seinem Namen alle Ehre. Der Star ist auch ein berühmter Stimmenimitator und großartiger Sänger. Er trillert und zwitschert in den verschiedensten Tönen, kann andere Vogelarten nachahmen, Klingeltöne pfeifen, wie eine Katze miauen oder wie ein Hund bellen.

Das Amselmännchen ist dagegen einfarbig schwarz. Sein wunderschöner Gesang beginnt vor Sonnenaufgang und ertönt abends bis in die Dunkelheit. Häufig siehst du Amseln bei der Jagd nach Regenwürmern auf Rasenflächen. Beobachte, wie geschickt sie einen Regenwurm mit dem Schnabel packen, sich mit den Füßen gegen den Boden stemmen und ihn mit ruckartigen Bewegungen aus dem Boden ziehen.

Glänzender Auftritt

Erstaunlich!

Nach der Mauser im Herbst sind Stare am ganzen Körper kräftig getupft. Durch Abnutzung der Federn im Verlauf des Winters verschwinden die weißgelben Punkte und das glänzend schwarze Prachtkleid entsteht.

37 bis 42 cm

19 bis 22 cm

NAME: Star

011

auch in Wäldern, auf Feldern und Wiesen

JAN.	FEB.	MÄRZ	APRIL	MAI	JUNI	JULI	AUG.	SEPT.	OKT.	NOV.	DEZ.

NAHRUNG:

Insekten, Würmer, Beeren, Früchte und Samen

MERKMALE:

Schwarzes, metallisch glänzendes Gefieder mit weißgelben Punkten

BESONDERHEIT:

Stare können sehr gut Geräusche imitieren.

25

NAME: Amsel

012

auch in Wäldern

JAN.	FEB.	MÄRZ	APRIL	MAI	JUNI	JULI	AUG.	SEPT.	OKT.	NOV.	DEZ.

NAHRUNG:

Würmer, Insekten, Früchte

MERKMALE:

♂ schwarzes Gefieder mit gelbem Schnabel; ♀ braun mit dunklem Schnabel

BESONDERHEIT:

Amseln brüten zwei- bis dreimal im Jahr, manchmal sogar viermal.

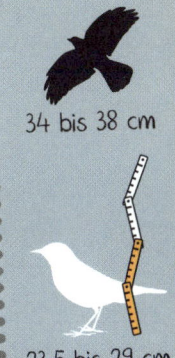

34 bis 38 cm

23,5 bis 29 cm

Gesehen und notiert:

Auf den ersten Blick kannst du Amsel und Star schon mal verwechseln. Achte auf die Fortbewegungsweise am Boden: Amseln bewegen sich hüpfend vorwärts, Stare schreiten leicht ruckartig über den Rasen.

Straßentaube

TAUBEN –
BITTE NICHT FÜTTERN

Tauben finden in der Stadt überall Speisereste und Abfälle. Von dieser einseitigen Ernährung werden sie oft krank. In vielen Städten ist das Füttern daher verboten.

Mitten in der Stadt fühlen sich Straßentauben wohl. Sie haben gelernt, dass es hier leicht zugängliche Nahrung gibt. In Nischen und Spalten von Gebäuden finden sie Brutplätze im Überfluss. Außerdem gibt es hier weniger Feinde. Deshalb haben sie großen Bruterfolg und vermehren sich zahlreich. Die Ringeltaube ist unsere größte Taube. Im Frühling führen die Männchen ihren auffälligen Balzflug vor.

Sie fliegen 20 bis 30 Meter in die Höhe und klatschen an der höchsten Stelle laut ihre Flügel zusammen. Mit ausgebreiteten Flügeln und gespreiztem Schwanz gleiten sie danach langsam wieder zu Boden. Im Winter kannst du sie häufig bei der Nahrungssuche auf abgeernteten Feldern beobachten.

Türkentauben kommen im Winter ans Futterhäuschen.

Schau mal!

Die Türkentaube findest du vor allem in Dörfern und Vorstädten. Sie wanderte aus Südosteuropa bei uns ein. Mit ihrem sandbraunen Gefieder und den dunkelroten Augen sieht sie sehr hübsch und elegant aus. Achte auf ihr schwarzes Nackenband!

etwa 65 cm

29 bis 35 cm

NAME: Straßentaube, Stadttaube `013`

JAN.	FEB.	MÄRZ	APRIL	MAI	JUNI	JULI	AUG.	SEPT.	OKT.	NOV.	DEZ.

NAHRUNG:	MERKMALE:	BESONDERHEIT:
Samen, Früchte, Brot und Abfälle	Hellgraues Gefieder mit grün oder violett schillerndem Nacken, viele Farbvarianten	Straßentauben stammen von der Felsentaube ab.

27

weißer Halsfleck

NAME: Ringeltaube `014`

auch in Wäldern, auf Feldern und Wiesen

JAN.	FEB.	MÄRZ	APRIL	MAI	JUNI	JULI	AUG.	SEPT.	OKT.	NOV.	DEZ.

NAHRUNG:	MERKMALE:	BESONDERHEIT:
Samen	Blaugraues Gefieder mit graurosafarbener Brust und weißem Halsfleck	Ringeltauben erschrecken ihre Feinde beim Auffliegen mit lautem Flügelklatschen.

etwa 73 cm

38 bis 43 cm

Gesehen und notiert:

Vergleiche das Trinkverhalten von Tauben und Singvögeln. Tauben saugen Wasser mithilfe ihrer Nasenlöcher, ohne abzusetzen, auf. Singvögel müssen dagegen Schluck für Schluck zu sich nehmen und zwischendurch den Kopf heben.

ENTDECKT!

MEIN FUND-PROTOKOLL:

Notiere hier deine Entdeckungen. Wie viele Vögel aus diesem Kapitel hast du schon gefunden?

Meine spannendste Beobachtung.

WAS MIR NOCH AUFGEFALLEN IST:

1. Hausspatzen fressen auch an Meisenknödeln.

2. Rauchschwalben zwitschern leise und melodisch vor sich hin.

3.

UNBEDINGT NOCH HERAUSFINDEN:

1. Wo schlafen Blaumeisen?

2. Werden Nistkästen auch im Winter bewohnt?

3.

Mein
Schnapp-
schuss

ORT:

DATUM:

UHRZEIT:

Wer versteckt sich hier im hohen Gras?
Feldlerche

QUERFELDEIN

Schon von Weitem siehst du einen kleinen, leuchtend gelben Vogel auf einer Baumspitze sitzen, und darüber kreist in den Wolken ein weiterer Vogel, groß und braun mit breiten Flügeln.

In der offenen Landschaft mit Feldern, Wiesen, vereinzelten Bäumen und Hecken kannst du viele Vögel leicht entdecken. Da diese jedoch oft ziemlich weit weg sind, solltest du unbedingt ein Fernglas mitnehmen.

Dann entpuppt sich der gelbe Vogel auf der Baumspitze als Goldammer und du kannst genau beobachten, wie der am Himmel kreisende Mäusebussard plötzlich nach unten stürzt, um mit seinen Krallen eine Maus zu ergreifen.

KLETTERKÜNSTLER UND FAKIR

**Pflanze Sonnenblumen in deinen Garten oder auf den Balkon.
Im Spätsommer und Herbst lockst du damit Stieglitze magisch an.**

Kaum einer unserer Vögel ist so hübsch wie der Stieglitz. Er hat eine rot-weiß-schwarze Kopfzeichnung, einen braunen Rücken und gelb-schwarze Flügel. Im Flug siehst du seine breite gelbe Flügelbinde, die im Kontrast zu den schwarzen Flügeln besonders auffällig leuchtet. Sein Gesang klingt leise und munter, zwitschernd und trillernd. Immer wieder kannst du seinen hellen, klingelnden Ruf hören, der ihm den Namen gab: „Sti-ge-litt!".

Am liebsten ernährt er sich von verschiedenen Distelsamen. Deshalb wird der Stieglitz auch Distelfink genannt. Um an die Samen zu gelangen, klettern die leichten Vögel geschickt an den Stängeln von Disteln und anderen Wildkräutern empor. Unter ihrem Körpergewicht biegen sich die Halme und Blüten und die Vögel hängen manchmal sogar mit dem Rücken nach unten.

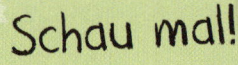

Schau mal!

Der spitze Schnabel des Stieglitzes ist eine Anpassung an sein Lieblingsfutter. Damit kann er auch tiefer sitzende Samen von Disteln oder anderen Kräutern erreichen und aus den Fruchtständen herausziehen.

Ganz schön stachelig

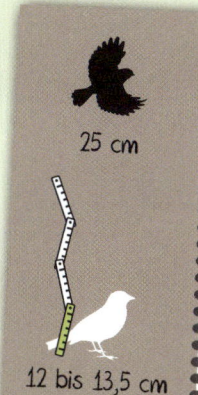

25 cm

12 bis 13,5 cm

NAME: Stieglitz, Distelfink

015

auch in Dörfern, Parks und Gärten

JAN.	FEB.	MÄRZ	APRIL	MAI	JUNI	JULI	AUG.	SEPT.	OKT.	NOV.	DEZ.

NAHRUNG:

Samen

MERKMALE:

Mit gelbem Flügel-
streif, bunt und
farbenprächtig,
rotes Gesicht

BESONDERHEIT:

Stieglitze sind sehr
gesellig und meistens
in Gruppen unter-
wegs.

gelber
Flügelstreif

Stieglitze können die Fruchtstände
auch mit dem Schnabel heranziehen und zum
Fressen mit dem Fuß festhalten. Erst wenn
alle Samen abgesammelt sind, fliegen sie
zur nächsten Pflanze.

Gesehen und notiert:

Jungvogel

GEBRÜTET WIRD AUF DEM BODEN

Wiesenschafstelzen polstern ihr Bodennest weich mit Tierhaaren und Grashalmen aus. Nach dem Schlüpfen füttern beide Elternteile die Jungen.

Wo halten sich Wiesenschafstelzen am ehesten auf? Na klar, der Name verrät es dir! Du findest sie bevorzugt auf kurzgrasigen, feuchten Wiesen und Viehweiden zwischen Schafen, Kühen oder Pferden umhertrippeln. Die Weidetiere halten die Pflanzen kurz und scheuchen mit ihren Füßen Insekten auf. Leichte Beute für die Wiesenschafstelzen.

Von der ähnlichen Bachstelze kannst du sie ganz einfach unterscheiden. Das Gefieder der Männchen ist leuchtend gelb, der Rücken grünlich. Ihr Kopf ist grau mit einem weißen Überaugenstreif. Im Flug kannst du die weißen Schwanzaußenkanten gut sehen. Die Weibchen sind insgesamt eher blasser gefärbt, mit einem cremefarbenen Bauch. So sind sie beim Brüten auf dem Nest gut getarnt. Sie bauen ihr Nest in einer kleinen Vertiefung zwischen Grasbüscheln.

Nordische Schafstelze

Schau mal!

Achte auf das Kopfmuster der Männchen! Vielleicht entdeckst du im Frühling oder Herbst eine Nordische Schafstelze auf dem Durchzug Richtung Skandinavien. Ihr Kopf ist dunkelgrau, der Bereich um das Auge herum ist schwarz, ohne Überaugenstreif.

Weibchen

NAME: Wiesenschafstelze

016

auch in Feuchtgebieten

| JAN. | FEB. | MÄRZ | APRIL | MAI | JUNI | JULI | AUG. | SEPT. | OKT. | NOV. | DEZ. |

NAHRUNG:

Insekten und Spinnen

MERKMALE:

♂ gelber Bauch, grünlicher Rücken und grauer Kopf; ♀ cremefarbener Bauch

BESONDERHEIT:

Es gibt in Europa verschiedene Variationen, zu unterscheiden an der Kopffärbung.

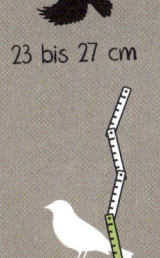

23 bis 27 cm

16 bis 18 cm

Gesehen und notiert:

Ein guter Überblick ist Wiesenschafstelzen wichtig.

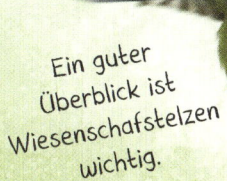

Außerhalb der Brutzeit sind Wiesenschafstelzen meist in kleinen Trupps unterwegs. Die Vögel erkennst du auch an ihrem etwas hektischen Flügelschlag. Abends sammeln sie sich häufig zu größeren Schwärmen, den sogenannten Schlafgemeinschaften. Sie fliegen in Schilfflächen, um dort gemeinsam zu übernachten.

VON OBEN SIEHT MAN BESSER

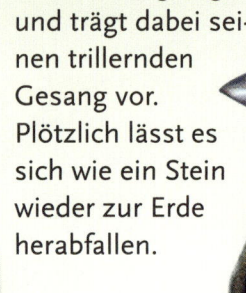

Die Goldammer trägt ihren Gesang von einer Baumspitze aus vor, während die Feldlerche bis zu 400 Meter hoch fliegt und von dort oben singt.

„Wie, wie, wie hab ich dich lieeeeb ...", mit diesen Worten kannst du dir den Gesang der Goldammer leicht merken. Vom zeitigen Frühjahr bis in den Herbst wiederholt das Männchen seine Melodie. Dabei sitzt es meist frei sichtbar auf einer Baumspitze. Sein Kopf und die Unterseite sind leuchtend gelb gefärbt. So kam die Goldammer zu ihrem Namen. Ihr napfförmiges Nest liegt gut verborgen am Boden oder in niedriger Höhe in dichten Büschen.

Die unauffällig braun gemusterten Feldlerchen sind reine Bodenbrüter. Sie bauen ihr Nest gut versteckt in einer selbst gescharrten Erdmulde auf einem Feld oder einer Wiese. Beobachte ihren Singflug: Das Männchen fliegt spiralförmig steil nach oben, steht minutenlang flügelschlagend auf der Stelle und trägt dabei seinen trillernden Gesang vor. Plötzlich lässt es sich wie ein Stein wieder zur Erde herabfallen.

Wichtig zu wissen!

Feldlerchen sind sehr gut getarnt und auf dem Boden kaum zu entdecken. Verfolge mit dem Fernglas ein Männchen im Flug. Meist singt es aus einer Höhe von etwa 50 Metern. Beobachte dann, wo es wieder landet.

Feldlerchen können problemlos in der Luft auf der Stelle flattern.

NAME: Goldammer

JAN.	FEB.	MÄRZ	APRIL	MAI	JUNI	JULI	AUG.	SEPT.	OKT.	NOV.	DEZ.

24 bis 28 cm

15,5 bis 17 cm

NAHRUNG:
Samen und Insekten

MERKMALE:
♂ goldgelber Kopf, braun gestreifte Oberseite; ♀ insgesamt blasser

BESONDERHEIT:
Im Winter gehen Goldammern mit Spatzen und Finken auf Nahrungssuche.

37

NAME: Feldlerche

JAN.	FEB.	MÄRZ	APRIL	MAI	JUNI	JULI	AUG.	SEPT.	OKT.	NOV.	DEZ.

kleine Federhaube

36 cm

18 bis 19 cm

NAHRUNG:
Insekten und Samen

MERKMALE:
Graubraunes Gefieder mit dunklem Muster, Federhaube, Schwanz mit weißen Kanten

BESONDERHEIT:
Das Männchen kann fünf Minuten und länger ununterbrochen singen.

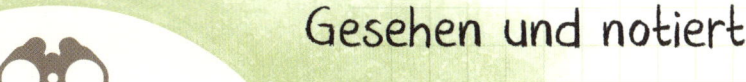

Gesehen und notiert:

Die meisten Vögel beginnen frühmorgens mit ihrem Gesang und legen mittags eine Pause ein. Abends werden sie dann wieder aktiv und singen bis in die Dunkelheit. Die Goldammer macht eine Ausnahme: sie singt durchgängig auch in der größten Mittagshitze.

WER RUFT HIER SEINEN NAMEN?

Hörst du ein lautes „Kuckuck", dann schüttle deinen Geldbeutel. Der Sage nach wirst du ab jetzt das ganze Jahr genügend Geld in deinen Taschen haben.

Der Kuckuck gehört zu den Vogelarten, die ihren Namen rufen. Er baut kein eigenes Nest, sondern legt jeweils ein Ei in die Nester viel kleinerer Vogelarten. So verteilt das Kuckucksweibchen im Frühling bis zu 25 Eier. Häufig wählt es Rotkehlchen, Hausrotschwänze, Bachstelzen oder sogar den winzigen Zaunkönig als Adoptiveltern. Sobald der kleine Kuckuck geschlüpft ist, wirft er die anderen Eier und Jungvögel aus dem Nest.

Schon bald ist er größer als seine Pflegeeltern. „Kie-witt, kie-witt ...", auch der Kiebitz wurde nach seinem typischen Ruf benannt. Er hat eine lange, dünne Federhaube am Hinterkopf. Im Frühling kannst du ihn bei seiner auffälligen Flugbalz beobachten. Unter lautem Rufen fliegt er nach oben, stürzt dann im Zickzackkurs durch die Luft nach unten und bremst erst kurz vor dem Boden ab.

Typisch Kiebitz, der schaukelnde Flugstil

Schau mal!

Ab dem Spätsommer bis zum Beginn der Brutzeit im März schließen sich Kiebitze zu großen Schwärmen zusammen. Dann kannst du sie auf abgeernteten Feldern, feuchten Wiesen oder im Watt bei der Nahrungssuche beobachten.

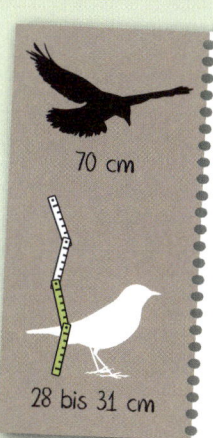

70 cm

28 bis 31 cm

NAME: Kiebitz

019

auch in Feuchtgebieten

JAN.	FEB.	MÄRZ	APRIL	MAI	JUNI	JULI	AUG.	SEPT.	OKT.	NOV.	DEZ.

NAHRUNG:

Insekten, Würmer und Samen

MERKMALE:

Weißer Bauch, dunkle Oberseite mit grünlich-violettem Glanz, Federhaube

BESONDERHEIT:

Der Kiebitz brütet am Boden. Die Jungen sind Nestflüchter.

Federhaube

NAME: Kuckuck

020

auch in Feuchtgebieten

JAN.	FEB.	MÄRZ	APRIL	MAI	JUNI	JULI	AUG.	SEPT.	OKT.	NOV.	DEZ.

NAHRUNG:

Insekten und Spinnen

MERKMALE:

Graues Gefieder, Bauch quer gestreift, Flügel graubraun

BESONDERHEIT:

Manche Kuckucke haben ein rostbraunes Gefieder.

57 cm

32 bis 34 cm

Gesehen und notiert:

Es ist gar nicht so einfach, einen Kuckuck zu Gesicht zu bekommen. Meist verbirgt er sich in dicht belaubten Baumkronen. Seinen Ruf kannst du dagegen im Frühling regelmäßig hören. Weithin hörbar erschallt dann sein lautes „Kuckuck-kuckuck".

SCHLAUE RABENVÖGEL

40

Ein paar Nüsse auf dem Gehweg? Mit etwas Glück kannst du beobachten, wie eine Krähe die Nuss aus der Luft auf die Straße fallen lässt, um sie zu knacken.

Elstern und Rabenkrähen gehören zu den klügsten Vögeln. Sie sind neugierig und lernfähig. Häufig kannst du sie auf Komposthaufen oder an Müllplätzen finden. Sie haben gelernt, dass es dort leicht zugängliches Futter gibt. Manchmal beobachten sie andere Vögel beim Verstecken von Vorräten und plündern diese später. Sie legen auch eigene Vorratslager an. Um an Futter zu gelangen, benutzen sie manchmal kleine Stöckchen als Werkzeug.

Elstern erkennst du an ihrem schwarzweißen Gefieder und dem besonders langen Schwanz. Die Flügel und der Schwanz schimmern je nach Lichteinfall lila, blau oder grün metallisch. Ihre lauten Rufe klingen ein wenig heiser: „Tscheck-tschek!" Rabenkrähen sind von Kopf bis Fuß einfarbig schwarz. Sie rufen krächzend „krrah-krrah".

Ganz schön groß, das Nest

Schau mal!

Elstern brüten in hohen Bäumen. Sie bauen ein großes, kugelförmiges Nest aus Zweigen von etwa einem halben Meter Durchmesser. Es wird sorgfältig mit Gräsern, Blättern und Erde ausgepolstert und zum Schutz vor Feinden überdacht.

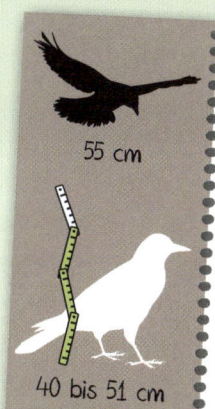

55 cm

40 bis 51 cm

NAME: **Elster**

021

auch in Städten, Parks und Gärten

JAN.	FEB.	MÄRZ	APRIL	MAI	JUNI	JULI	AUG.	SEPT.	OKT.	NOV.	DEZ.

NAHRUNG:

Allesfresser

MERKMALE:

Schwarz-weißes Gefieder mit metallischem Glanz

BESONDERHEIT:

Der Schwanz ist 20 bis 30 cm lang.

NAME: **Rabenkrähe**

022

auch in Städten, Parks und Gärten

Nasalborsten

JAN.	FEB.	MÄRZ	APRIL	MAI	JUNI	JULI	AUG.	SEPT.	OKT.	NOV.	DEZ.

NAHRUNG:

Allesfresser

MERKMALE:

Einfarbig schwarzes Gefieder, Federn am Oberschnabel, die die Nasenlöcher bedecken.

BESONDERHEIT:

Östlich der Elbe findest du eine nahe Verwandte, die grau-schwarze Nebelkrähe.

92 cm

44 bis 51 cm

Gesehen und notiert:

Elstern und Rabenkrähen sind nicht sehr scheu. Am besten kannst du sie bei der Nahrungssuche auf Feldern, Wiesen oder Rasenflächen beobachten. Dort suchen sie nach Würmern, Schnecken, Spinnen, Käfern und anderen Insekten.

42

MÄUSEJÄGER AUS DER LUFT

Turmfalken-
weibchen

Die Maus, die über die Wiese huscht, ahnt nicht, welche Gefahr ihr aus der Luft droht. Turmfalke und Mäusebussard halten mit ihren scharfen Augen Ausschau nach ihr.

Mit kräftigen, schnellen Flügelschlägen steht ein Turmfalke in der Luft und hält Ausschau nach Nahrung. Plötzlich stürzt er pfeilschnell nach unten und ergreift mit seinen Krallen die erspähte Beute. Dann landet er auf einem Pfosten oder am Boden, um sie zu verspeisen. Wühlmäuse sind seine Lieblingsbeute. Genau wie Turmfalken beherrschen auch Mäusebussarde den Rüttelflug. Mit ihren scharfen Augen können sie eine Beute aus 350 Metern Höhe entdecken.

Die Greifvögel halten nach Urinspuren von Mäusen Ausschau. Wie alle Vögel können sie ultraviolettes Licht sehen. Da Urin das UV-Licht der Sonne reflektiert, erkennen sie, wo viele Mäuse unterwegs sind. Das funktioniert auch aus großer Höhe und sogar durch geschlossene Schneedecken. Beide Arten jagen auch von Ansitzen aus. Vor allem der Mäusebussard sitzt häufiger auf Pfosten und Bäumen. An Straßenrändern wartet er auf überfahrene Tiere. Dabei muss er aufpassen, nicht selbst überfahren zu werden.

Langsam wird es eng
in der Bruthöhle.

Wichtig zu wissen!

Turmfalken bauen keine eigenen Nester. Im Gebirge brüten sie in Spalten und Höhlen hoher Felsen. Anderswo beziehen sie Nischen in hohen Türmen oder Häusern, verlassene Krähennester oder Nistkästen.

74 cm

31 bis 37 cm

NAME: **Turmfalke**

auch im Gebirge, in Dörfern und Städten

023

JAN.	FEB.	MÄRZ	APRIL	MAI	JUNI	JULI	AUG.	SEPT.	OKT.	NOV.	DEZ.

NAHRUNG:

Mäuse und andere kleine Säugetiere, Vögel, Insekten

MERKMALE:

♂ blaugrauer Kopf, rotbrauner Rücken mit schwarzen Flecken; ♀ braun, dunkel gefleckt

BESONDERHEIT:

Typischer Ruf bei Erregung ist ein helles, lautes „Kjikjikjikjikji" vor allem zur Brutzeit.

43

schwarze Schwanz- endbinde

NAME: **Mäusebussard**

024

JAN.	FEB.	MÄRZ	APRIL	MAI	JUNI	JULI	AUG.	SEPT.	OKT.	NOV.	DEZ.

NAHRUNG:

Mäuse und andere kleine Säugetiere

MERKMALE:

Dunkelbraune Oberseite, schwarze Schwanzendbinde

BESONDERHEIT:

Das Gefieder der Unterseite kann sehr hell, fast weiß bis schwarzbraun sein.

120 cm

50 bis 57 cm

Gesehen und notiert:

Turmfalke

Ein Vogel steht mit rüttelnden Flügeln in der Luft – Turmfalke oder Mäusebussard? Achte auf die Größe: Turmfalken sind deutlich kleiner und schlanker als Mäusebussarde. Sie haben einen langen Schwanz und lange, spitze Flügel. Im Winter, wenn es richtig kalt ist, jagt der Turmfalke nur vom Ansitz, um Energie zu sparen.

ENTDECKT!

MEIN FUND-PROTOKOLL:

Notiere hier deine Entdeckungen.
Wie viele Vögel aus diesem Kapitel
hast du schon gefunden?

Meine spannendste Beobachtung:

WAS MIR NOCH AUFGEFALLEN IST:

1. Es gibt Krähen mit grau-schwarzem Gefieder.

2. Mäusebussarde rufen wie eine Katze miauend „hiääh".

3.

UNBEDINGT NOCH HERAUSFINDEN:

1. Warum klopfen Kiebitze manchmal mit ihren

Füßen auf den Boden?

2. Singen Goldammern auch, wenn es

vollständig dunkel ist?

3.

Mein
Schnapp-
schuss

ORT:

DATUM:

UHRZEIT:

Wer versteckt sich in den Zweigen?

Buchfink

IM DICHTEN GRÜN

Im Wald sind vor allem deine Ohren gefragt, denn in den hohen Baumkronen und dem meist dichten Blätterwerk sind die Vögel gut verborgen.

Den schmetternden Gesang des Zaunkönigs kannst du dagegen gar nicht überhören. Genauso, wie das laute Trommeln des Buntspechts oder den auffälligen Ruf des Eichelhähers. Mit seinem durchdringenden „Krääh-krääh" will er die anderen Waldbewohner vor dir warnen, denn er hat dich bereits bemerkt.

Mit ein wenig Übung wirst du schon bald die häufigsten Vogelstimmen kennen und dann den singenden Zaunkönig im dichten Unterholz leicht finden.

Nur etwa fünf Gramm wiegt das Wintergoldhähnchen. Das sind zwei Stück Würfelzucker.

DIE KLEINSTEN DER KLEINEN

48

Wintergoldhähnchen und Zaunkönig sind unsere kleinsten und leichtesten Vögel. Ständig sind sie in Bewegung, um Nahrung aufzuspüren.

Wie eine kleine Maus huscht der Zaunkönig auf der Jagd nach Insekten durch das Unterholz. Achte auf seinen lauten und schmetternden Gesang! Mit seiner weithin hörbaren Stimme teilt er allen mit: „Hallo, hier bin ich, das ist mein Revier!" Dabei sitzt er häufig mit gestelztem Schwanz auf einer erhöhten Stelle. Jetzt kannst du ihn mit deinem Fernglas genau betrachten. Wintergoldhähnchen sind sogar noch kleiner und leichter.

Wichtig zu wissen!

Das Zaunkönigmännchen baut mehrere Kugelnester in Bodennähe. Diese sogenannten Backofennester sind rundlich, oben geschlossen und haben einen seitlichen Eingang. Das sieht aus wie ein kleiner Backofen mit Ofenrohr.

Das Nest ist mit Moos weich ausgepolstert.

Oft hörst du zuerst ihren feinen, auf- und absteigenden hohen Gesang oder die scharfen Rufe: „Srie". Du findest sie vor allem in Nadelbäumen. Dort hüpfen sie von Ast zu Ast oder hangeln sich kopfüber durchs Geäst. Um ihre Körpertemperatur aufrechtzuerhalten und nicht zu verhungern, brauchen die Winzlinge täglich mehr Nahrung, als sie selber wiegen. Da gilt es, jede Spinne und jedes Insekt aufzuspüren.

etwa 14 cm

8,5 bis 9,5 cm

NAME: Wintergoldhähnchen

JAN.	FEB.	MÄRZ	APRIL	MAI	JUNI	JULI	AUG.	SEPT.	OKT.	NOV.	DEZ.

NAHRUNG:	**MERKMALE:**	**BESONDERHEIT:**
Insekten und Spinnen	Grüne Oberseite, gelborangefarbener Scheitelstreif, weiße Flügelbinde	Das Wintergoldhähnchen wiegt nur 4 bis 8 Gramm; kleinster Vogel Europas.

auffalliger Scheitelstreif

weiße Flügelbinde

heller Überaugenstreif

NAME: Zaunkönig

auch in Parks und Gärten

JAN.	FEB.	MÄRZ	APRIL	MAI	JUNI	JULI	AUG.	SEPT.	OKT.	NOV.	DEZ.

NAHRUNG:	**MERKMALE:**	**BESONDERHEIT:**
Insekten und Spinnen	Rotbraunes Gefieder, Flügel und Schwanz quer gebändert, heller Überaugenstreif	Der kurze Schwanz ist meist steil aufgerichtet, man nennt es auch „gestelzt".

etwa 14 cm

9 bis 10,5 cm

Während das Wintergoldhähnchen weit oben in den Baumwipfeln herumhuscht, sucht der Zaunkönig versteckt am Boden nach Nahrung. Am besten lernst du ihren Gesang, dann wirst du die kleinen Vögel viel leichter entdecken.

Gesehen und notiert:

Zaunkönig

IM GEÄST AUF INSEKTENJAGD

Wer huscht hier auf der Jagd nach Insekten durch die Zweige: Zilpzalp oder Mönchsgrasmücke? Achte auf ihren Gesang!

Stelle dich im Frühling unter eine Weide und schließe die Augen. Hörst du, wie es summt und brummt? Die blühenden Weidenkätzchen ziehen unzählige Insekten an, die hier Nektar und Blütenstaub sammeln. Ein Paradies für Insektenfresser wie den Zilpzalp. Er wird deshalb auch Weidenlaubsänger genannt. Der Zilpzalp ist unscheinbar graubraun gefärbt und turnt bei der Nahrungssuche flink von Ast zu Ast. Du kannst ihn leicht an seinem Gesang erkennen: „Zilp-zalp!"

Der melodische Gesang der Mönchsgrasmücke gehört zu unseren schönsten Vogelgesängen. Im Frühling kannst du ihn überall aus Gebüschen in Wäldern, Parks und Gärten hören. Um den kleinen, grauen Vogel zu entdecken, brauchst du dagegen etwas Geduld. Häufig sind Mönchsgrasmücken zwischen dichten Blättern verborgen. Zilpzalpe und Mönchsgrasmücken sind übrigens Zugvögel.

Zum Verwechseln ähnlich

Schau mal!

Der Fitis sieht wie ein Zwilling des Zilpzalps aus. Beide sind Laubsänger und schwer voneinander zu unterscheiden. Hör dir mal den Gesang an, dann weißt du, wen du gerade vor dir hast.

027

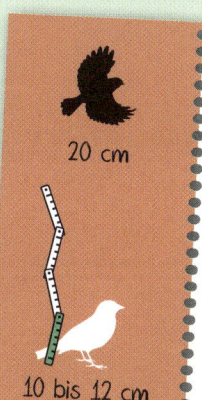

20 cm

10 bis 12 cm

NAME: Zilpzalp

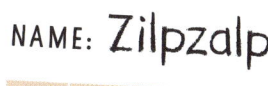

028

auch in Parks und Gärten

JAN.	FEB.	MÄRZ	APRIL	MAI	JUNI	JULI	AUG.	SEPT.	OKT.	NOV.	DEZ.

NAHRUNG:	MERKMALE:	BESONDERHEIT:
Insekten und Spinnen	Grünlich graubraune Oberseite, helle Unterseite, dunkelbraune Beine	Der Zilpzalp singt seinen eigenen Namen: „Zilp-zalp".

NAME: Mönchsgrasmücke

JAN.	FEB.	MÄRZ	APRIL	MAI	JUNI	JULI	AUG.	SEPT.	OKT.	NOV.	DEZ.

NAHRUNG:	MERKMALE:	BESONDERHEIT:
Insekten, Spinnen und Beeren	♂ mit graubraunem Gefieder, schwarzer Kopfplatte; ♀ mit rotbrauner Kopfplatte	Mönchsgrasmücken brüten bis in Höhen von 1500 m.

23 cm

13,5 bis 15 cm

Gesehen und notiert:

Im Herbst fressen Mönchsgrasmücken gern die reifen Beeren heimischer Sträucher, um sich für den Zug nach Süden zu stärken. Dann kannst du sie häufig beim Naschen von Holunderbeeren, Heckenkirschen oder anderen Früchten beobachten.

Weibchen

KOPFÜBER DEN STAMM HINUNTER

Er sieht aus wie ein Pirat mit seinem auffälligen schwarzen Augenstreifen. Am winterlichen Futterplatz verhält er sich auch so.

Beim Sammeln von Sonnenblumenkernen verteidigt der Kleiber seinen Platz energisch und vertreibt kleinere Arten auch mal aus dem Vogelhaus. Allerdings bleibt er meist nur kurz und fliegt mit den erbeuteten Samen lieber an einen geeigneten Baum. Dort klemmt er die Sonnenblumenkerne in Baumritzen, um sie danach mit dem Schnabel zu öffnen. Kleiber sind die einzigen Vögel, die kopfüber nach unten laufen können.

Beobachte sie bei der Nahrungssuche am Baumstamm. Flink klettern sie an einer Seite aufwärts und an der anderen wieder abwärts. Im Gegensatz zum Buntspecht, der sich beim Klettern zusätzlich mit dem Schwanz abstützt, halten sich Kleiber nur mit ihren kräftigen Füßen und Zehen fest.

Hier hat der Kleiber Haselnüsse in eine Baumspalte geklemmt, um sie besser öffnen zu können.

Wichtig zu wissen!

Kleiber brüten in verlassenen Spechthöhlen oder Baumlöchern. Ist das Eingangsloch zu groß, kleben sie es mit Lehm auf die passende Größe zu, sodass kein größerer Konkurrent mehr hindurchpasst. Kleiber ist eine alte Berufsbezeichnung für einen Handwerker, der Lehmwände erstellt.

Hier war viel Lehm nötig.

Fraßspur eines Kleibers

NAME: Kleiber

auch in Parks und Gärten mit großen Bäumen

JAN.	FEB.	MÄRZ	APRIL	MAI	JUNI	JULI	AUG.	SEPT.	OKT.	NOV.	DEZ.

etwa 25 cm

12 bis 14,5 cm

NAHRUNG:

Insekten, Spinnen und Samen

MERKMALE:

Blaugraue Oberseite, orangefarbene Unterseite, schwarzer Augenstreif

BESONDERHEIT:

Als einzige heimische Vogelart können Kleiber Stämme kopfüber hinunterklettern.

schwarzer Augenstreif

53

Gesehen und notiert:

Kleiber legen Vorräte für schlechte Zeiten an. Sie verstecken Nüsse, Bucheckern und andere Samen in der Erde oder in Baumritzen. Erforsche die grobe Rinde einer Eiche und mach dich auf die Suche nach seiner Speisekammer. Im Winter besuchen Kleiber gelegentlich auch Futterplätze.

Buchfinkenweibchen

FARBENFROH
UND GUT ERKENNBAR

Buchfinken und Gimpel gehören mit ihrem bunten Gefieder zu unseren hübschesten Vögeln. Während eines Waldspazierganges kannst du sie beobachten.

Vor allem Buchfinken findest du regelmäßig an Pfützen auf Waldwegen. Betrachte die Männchen: blaugrauer Kopf und Nacken, Gesicht, Brust und Bauch rosabraun, Rücken kastanienbraun. Im Flug siehst du den hellen, olivgrünen Bürzel und zwei deutliche weiße Flügelbinden auf den schwarzen Flügeln. Die Weibchen sind in verschiedenen Brauntönen gefärbt.

Gimpel sind nicht so leicht zu entdecken. Oft hörst du zuerst ihren weichen, etwas traurig klingenden Ruf: „Djü!", oder: „Djüp-djüp!" Sie haben einen rundlichen Körper und wirken sehr gemütlich. Die Brust und der Bauch der Gimpelmännchen leuchten auffällig rosarot. Das Gesicht und die Kopfplatte sind schwarz und der Rücken ist grau. Im Flug fällt der weiße Bürzel auf. Weibchen haben eine beigegraue, leicht rosa gefärbte Unterseite.

Weibchen

Männchen

„Hüitt ... Hüitt"

Wichtig zu wissen!

Bei Buchfinken gibt es Dialekte. Ihr Gesang und ihre Rufe klingen in verschiedenen Regionen Europas leicht unterschiedlich. Vogelstimmenexperten können hören, aus welchem Gebiet ein Buchfink kommt.

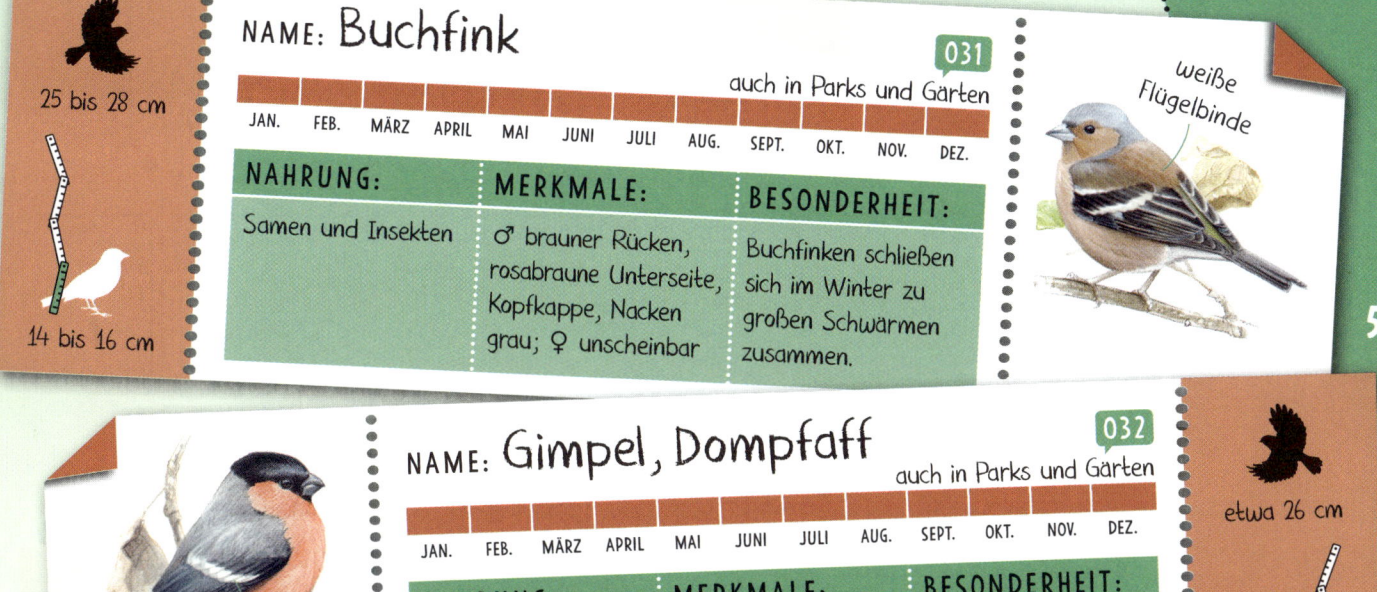

NAME: Buchfink

031

auch in Parks und Gärten

JAN.	FEB.	MÄRZ	APRIL	MAI	JUNI	JULI	AUG.	SEPT.	OKT.	NOV.	DEZ.

25 bis 28 cm

14 bis 16 cm

NAHRUNG:	MERKMALE:	BESONDERHEIT:
Samen und Insekten	♂ brauner Rücken, rosabraune Unterseite, Kopfkappe, Nacken grau; ♀ unscheinbar	Buchfinken schließen sich im Winter zu großen Schwärmen zusammen.

weiße Flügelbinde

NAME: Gimpel, Dompfaff

032

auch in Parks und Gärten

JAN.	FEB.	MÄRZ	APRIL	MAI	JUNI	JULI	AUG.	SEPT.	OKT.	NOV.	DEZ.

etwa 26 cm

15,5 bis 17,5 cm

NAHRUNG:	MERKMALE:	BESONDERHEIT:
Samen, Beeren und Knospen	♂ grauer Rücken, schwarze Kopfkappe, rosarote Unterseite; ♀ beigegraue Unterseite	Handaufgezogene Gimpel können Melodien erlernen (vor dem Ausfliegen).

Flügelbinde und Bürzel weiß

Gesehen und notiert:

Zur Brutzeit leben Gimpel heimlich und sind ziemlich schwer zu entdecken. Im Winter ist es einfacher, dann kannst du die scheuen Vögel regelmäßig am Futterhäuschen oder in Beerensträuchern beobachten. Die Männchen fallen durch ihre leuchtende Unterseite auf.

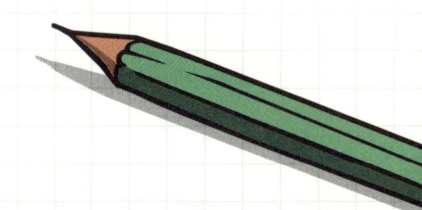

BAUMEISTER UND AMEISENJÄGER

Buntspechte findest du meistens an Baumstämmen und Ästen, oft weit oben in der Baumkrone. Grünspechte suchen ihre Nahrung dagegen überwiegend am Boden.

Ein lautes Klopfen verrät dir schon von Weitem: Hier ist ein Buntspecht am Werk. Bis zu 20-mal pro Sekunde hämmert er mit seinem Schnabel gegen Baumstämme oder Äste. So markiert er sein Revier und lockt Weibchen an. Außerdem benutzt er seinen kräftigen Schnabel, um sich eine Bruthöhle in Bäumen zu zimmern oder im morschen Holz nach Insekten und Larven zu stochern. Grünspechte trommeln dagegen nur selten. Stattdessen kannst du im Frühling ihre lachenden Balzrufe hören: „Kjü-kjü-kjü-kjü-kjü …"

Sie haben einen weniger kräftigen Schnabel als Buntspechte. Deshalb suchen sie sich am liebsten eine bereits vorhandene Höhle. Grünspechte sind auf Ameisen spezialisiert. Mit dem Schnabel stochern sie in der Erde, im Moos und sogar im Schnee nach ihrer Lieblingsspeise.

Einfacher als Holzklopfen

Wichtig zu wissen!

Der Grünspecht hat die längste Zunge von allen Spechten. Sie ist 10 cm lang, klebrig und an der Spitze mit Widerhaken versehen. Damit holt er sich die Ameisen aus den Ameisengängen.

NAME: **Buntspecht**

033

auch in Parks und Gärten

JAN.	FEB.	MÄRZ	APRIL	MAI	JUNI	JULI	AUG.	SEPT.	OKT.	NOV.	DEZ.

NAHRUNG:

Insekten und Samen

MERKMALE:

Schwarz-weißes Gefieder, rote Unterschwanzdecke, roter Nackenfleck

BESONDERHEIT:

Ein Trommelwirbel dauert etwa zwei Sekunden.

38 cm

23 bis 26 cm

roter Nackenfleck

rote Unterschwanzdecke

57

NAME: **Grünspecht**

034

auch in Parks und Gärten

JAN.	FEB.	MÄRZ	APRIL	MAI	JUNI	JULI	AUG.	SEPT.	OKT.	NOV.	DEZ.

NAHRUNG:

Ameisen, ihre Eier, Larven und Puppen, andere Insekten

MERKMALE:

Grünes Gefieder, rote Kopfkappe, schwarze Augenmaske

BESONDERHEIT:

Lauter, schallend lachender Ruf

bis 52 cm

30 bis 36 cm

Gesehen und notiert:

Halte Ausschau nach einer Spechtschmiede! Buntspechte klemmen zum Beispiel Nüsse zum Öffnen in Baumritzen. Auf diese Weise pulen sie auch die Samen aus Tannenzapfen.

LAUT UND WEITHIN HÖRBAR

Hast du schon einmal eine Nachtwanderung gemacht? Nimm auf jeden Fall eine Taschenlampe und einen Erwachsenen mit. Hörst du den Ruf des Waldkauzes?

Im Frühling und Herbst kannst du nachts im Wald den heulenden Gesang der Waldkäuze hören: „Huuuuh – huhuhuhuuh!" Das klingt ein wenig gruselig und ist ziemlich spannend, wenn du unter dunklen Bäumen spazieren gehst. Mit ihren Rufen verteidigen die Männchen ihr Revier und kämpfen um ein Weibchen. Tagsüber sitzen sie dösend auf einem Ast, gut getarnt mit ihrem gemusterten Gefieder.

Manchmal findest du einen Waldkauz, weil Kleinvögel ihren Feind heftig attackieren und lautstark beschimpfen. Den lauten, rätschenden Ruf des Eichelhähers hörst du dagegen tagsüber. Er hat dich längst entdeckt und mit seinem Alarmruf auch alle anderen Waldbewohner gewarnt. Warte einen Augenblick, bis sich die Aufregung gelegt hat. Dann kannst du beobachten, wie der scheue Wächter des Waldes von Ast zu Ast hüpft oder am Boden nach Nahrung sucht.

Mit seinem rindenfarbigen Gefieder ist der Waldkauz gut getarnt.

Wo ist das beste Versteck?

Wichtig zu wissen!

Im Herbst sammelt der Eichelhäher Eicheln und versteckt sie als Wintervorrat im Boden. Einige Verstecke vergisst er danach. Im Frühling wachsen dann überall neue Bäume. So kam er zu dem Namen „Gärtner des Waldes".

NAME: Waldkauz

JAN.	FEB.	MÄRZ	APRIL	MAI	JUNI	JULI	AUG.	SEPT.	OKT.	NOV.	DEZ.

NAHRUNG:	MERKMALE:	BESONDERHEIT:
Kleine Säugetiere und Vögel	Braun gemustertes Gefieder, Kopf groß und rund, schwarzbraune Augen	Die Weibchen rufen anders als die Männchen: „Kwitt!"

90 cm

37 bis 43 cm

NAME: Eichelhäher

auch in Parks und Gärten

JAN.	FEB.	MÄRZ	APRIL	MAI	JUNI	JULI	AUG.	SEPT.	OKT.	NOV.	DEZ.

NAHRUNG:	MERKMALE:	BESONDERHEIT:
Allesfresser	Orangebraunes Gefieder, blau-schwarz gebändertes Flügelfeld, schwarzer Bartstreif	Eichelhäher können bis zu zehn Eicheln in ihrem Kehlsack transportieren.

schwarzer Bartstreif

55 cm

32 bis 35 cm

Gesehen und notiert:

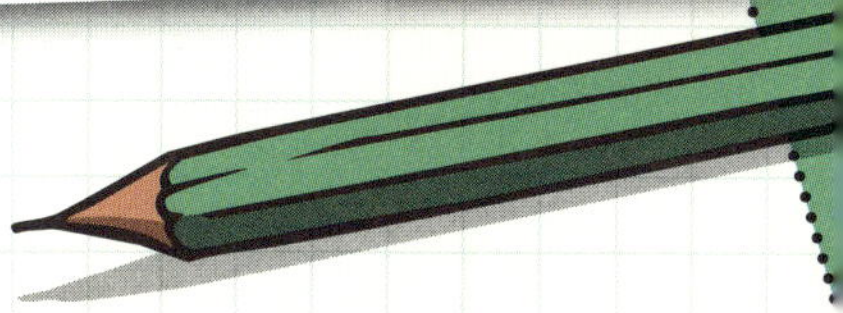

Der Waldkauz brütet am liebsten in alten Baumhöhlen. Die Jungen verlassen schon sehr früh das Nest und klettern als Ästlinge auf den Zweigen herum, bevor sie richtig fliegen können. Wenn du dich vorsichtig im Wald bewegst, kannst du sie vielleicht in der Dämmerung beobachten.

ENTDECKT!

MEIN FUND-PROTOKOLL:

Notiere hier deine Entdeckungen. Wie viele Vögel aus diesem Kapitel hast du schon gefunden?

Meine spannendste Beobachtung:

WAS MIR NOCH AUFGEFALLEN IST:

1. Eichelhäher können die Stimmen anderer Vögel imitieren.

2. Grünspechte fliegen nach einer Störung sehr weit weg.

3.

UNBEDINGT NOCH HERAUSFINDEN:

1. Wie klingen der Ruf und  der Gesang des Buchfinken?

2. Singen Zaunkönige nur am Morgen oder auch abends?

3.

Mein
Schnapp-
schuss

ORT:

DATUM:

UHRZEIT:

Wer taucht hier ab?

Stockenten

NAH AM WASSER

Langsam fließende Bäche und breit strömende Flüsse, Teiche und Seen mit ihren angrenzenden Uferbereichen und feuchte Wiesen sind vielseitige Lebensräume. Hier fühlen sich viele Vogelarten wohl.

Im Frühling kannst du die Balz der Haubentaucher beobachten. Lachmöwen landen auf dem Wasser, um ihr Gefieder zu putzen und zu rasten. Am Ufer baut ein Höckerschwan sein Nest im Schilf. Ein Weißstorch watet mit seinen langen Beinen durch eine feuchte Wiese, um Frösche zu jagen.

Vergiss dein Fernglas nicht, wenn du auf Entdeckungsreise gehst.

SCHILLERND BUNT ODER SCHWARZ-WEISS?

Ein fliegender Edelstein saust über das Wasser. Doch kaum hast du ihn entdeckt, ist er auch schon wieder verschwunden.

Mit seinem schillernd türkisblauen Rückengefieder und der orangefarbenen Unterseite ist der Eisvogel einer unserer schönsten Vögel. Suche die Büsche am Ufer mit deinem Fernglas ab. Mit etwas Glück kannst du beobachten, wie er mit angelegten Flügeln pfeilschnell in das Wasser hinabtaucht und nach kurzer Zeit mit einem kleinen Fisch im Schnabel wieder auf dem Ast landet. Die schwarz-weiß gefärbten Bachstelzen sind dagegen viel leichter zu entdecken.

Sie halten sich häufig in Gewässernähe auf. Mit kleinen, trippelnden Schritten und ruckartigen Bewegungen laufen sie auf der Jagd nach Insekten am Ufer entlang. Dabei wippen sie fast ständig mit ihrem langen Schwanz. Du findest sie jedoch auch abseits vom Wasser auf kurzgrasigen Wiesen in Dörfern und Städten oder in der freien Landschaft.

Schau mal!

Bachstelzen erkennst du an ihrem langen Schwanz. Er ist etwa so lang wie Körper und Kopf zusammen. Sie fliegen in einem langsamen, wellenförmigen Flug und rufen dabei im Takt der Flugbewegungen „zi-lipp!"

Die Bachstelze kannst du kaum mit einem anderen Vogel verwechseln.

Nach den Tauchgängen ist Federpflege angesagt.

NAME: **Bachstelze**

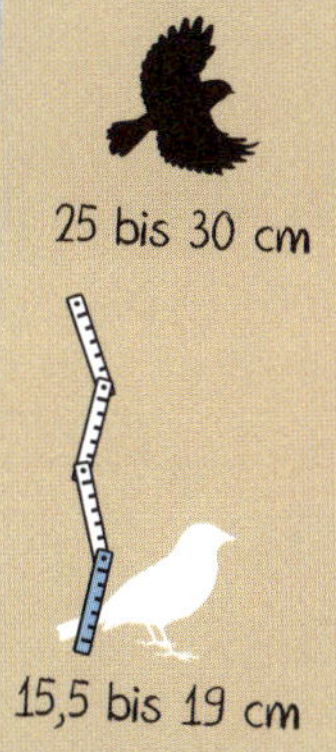

auch auf Feldern und Wiesen, in Städten, Parks und Gärten

JAN.	FEB.	MÄRZ	APRIL	MAI	JUNI	JULI	AUG.	SEPT.	OKT.	NOV.	DEZ.

NAHRUNG:	MERKMALE:	BESONDERHEIT:
Insekten und Spinnen	Grauer Rücken, schwarz-weißer Kopf, langer Schwanz	Bachstelzen brüten bis zu dreimal im Jahr.

25 bis 30 cm

15,5 bis 19 cm

NAME: Eisvogel

JAN.	FEB.	MÄRZ	APRIL	MAI	JUNI	JULI	AUG.	SEPT.	OKT.	NOV.	DEZ.

NAHRUNG:	MERKMALE:	BESONDERHEIT:
Fische	Türkisblaue Oberseite und orangefarbene Unterseite	Graben etwa 1 m lange Brutröhre in Steilwände aus Lehm oder Sand.

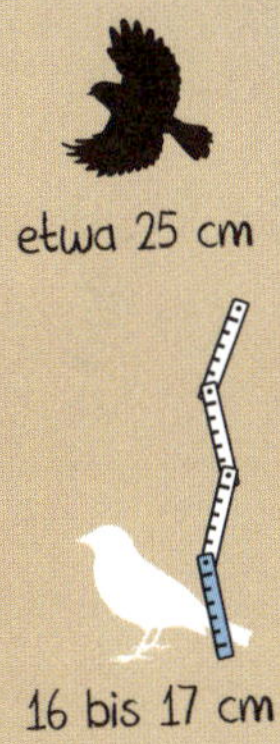

etwa 25 cm

16 bis 17 cm

Gesehen und notiert:

„Ziiiiii" – Wenn du diesen hohen und durchdringenden Pfiff hörst, weißt du, dass ein Eisvogel vorbeifliegt. Suche mit dem Fernglas die Äste über dem Wasser oder in Ufernähe ab. Dort lauert er auf seine Beute. Während der Balz bringt das Eisvogelmännchen dem Weibchen immer wieder einen Fisch als Geschenk.

HUHN? RALLE?
WAS IST RICHTIG?

66

Gemeint ist zwar jeweils die gleiche Vogelart, korrekt heißen die beiden jedoch Blässralle und Teichralle, denn mit den Hühnervögeln sind sie nicht verwandt.

Die beiden Vogelarten gehören zu den häufigsten Wasservögeln, die du auf unseren Gewässern beobachten kannst. An Parkteichen kannst du dich ihnen oft bis auf wenige Meter nähern und ihre Merkmale genau studieren. Die weiße Stirn der Blässhühner wird Blässe genannt. So erhielten sie ihren Namen. Achte auf ihre schönen dunkelroten Augen!

Blässhühner haben keine Schwimmhäute zwischen den Zehen, sondern schmale Schwimmlappen. Teichhühner halten sich häufig im Schutz dichter Uferpflanzen auf. Im Winter kannst du sie da leichter finden. Dann verlassen sie ihre Deckung und schwimmen auf offenen Wasserflächen. Ihre langen Zehen haben weder Schwimmhäute noch Schwimmlappen. So können sie zwar nicht so gut schwimmen, aber dafür sehr gut über Schwimmpflanzen laufen und im Schilf klettern.

Schau mal!

Im feuchten Schlamm, im Sand oder im frischen Schnee am Ufer eines Sees kannst du häufig Spuren von Wasservögeln finden. Achte auf den unverwechselbaren Fußabdruck des Blässhuhns: drei lange Zehen mit eingebuchteten Schwimmlappen.

Blässhuhn

Abdruck einer Ente mit Schwimmhaut

Zehen mit Schwimmlappen

NAME: Blässralle, Blässhuhn

039

70 bis 80 cm

36 bis 38 cm

JAN.	FEB.	MÄRZ	APRIL	MAI	JUNI	JULI	AUG.	SEPT.	OKT.	NOV.	DEZ.

NAHRUNG:
Pflanzen, Muscheln, Schnecken und Insekten

MERKMALE:
Schwarzes Gefieder, weißer Schnabel, weißes Stirnschild, rote Augen

BESONDERHEIT:
Blässhühner können tauchen und unter Wasser nach Nahrung suchen.

weißes Stirnschild

---

rotes Stirnschild

NAME: Teichralle, Teichhuhn

040

50 bis 55 cm

32 bis 35 cm

JAN.	FEB.	MÄRZ	APRIL	MAI	JUNI	JULI	AUG.	SEPT.	OKT.	NOV.	DEZ.

NAHRUNG:
Insekten, Würmer, Schnecken, Pflanzen und Samen

MERKMALE:
Dunkles Gefieder, roter Schnabel mit gelber Spitze, rotes Stirnschild, rote Augen

BESONDERHEIT:
Teichhühner bauen Schlafnester zum Übernachten für ihre Küken.

Gesehen und notiert:

Teichhühner schwimmen und laufen sehr ruckartig. Dabei nicken sie ständig mit dem Kopf und zucken mit dem Schwanz, der oft aufgerichtet ist. Dann siehst du ihre leuchtend weißen Unterschwanzdecken besonders gut.

RABEN DER MEERE

68

Möwen werden auch Raben der Meere genannt, weil sie sich genau wie Kolkraben sehr vielseitig ernähren und Allesfresser sind. Auch Mülltüten ziehen sie magisch an.

Möwen jagen kleine Tiere, fressen Aas und sammeln Futter am Strand. Regelmäßig kannst du beobachten, wie sie Seeschwalben oder anderen Möwen hinterherfliegen und ihnen die erbeutete Nahrung abjagen. In einer wilden Verfolgungsjagd attackieren sie die Vögel so lange, bis diese ihre Beute fallen lassen. Lachmöwen erkennst du zur Brutzeit an ihrem schokoladenbraunen Kopf, dem dunkelroten Schnabel und den roten Beinen.

Im Schlichtkleid haben sie nur noch einen kleinen braunen Fleck hinter dem Auge. Junge Lachmöwen unterscheiden sich deutlich von ihren Eltern. Ihr Gefieder ist graubraun und der Schnabel orange mit einer schwarzen Spitze. Silbermöwen sind deutlich größer. Sie haben einen weißen Kopf, einen gelben Schnabel mit einem roten Punkt und rosafarbene Beine. Junge Silbermöwen sind graubraun gemustert. Ihr Schnabel ist rosaschwarz.

Schau mal!

Silbermöwen öffnen Muscheln und andere Weichtiere mit einer einfachen Technik. Sie lassen diese aus großer Höhe auf einen harten Untergrund fallen, bis deren Schale zerbricht und sie das Innere verspeisen können.

Jetzt bloß nicht zu früh fallen lassen. Die junge Silbermöwe kennt den Trick.

80 bis 100 cm

34 bis 37 cm

NAME: **Lachmöwe**

an der Küste, aber auch im Binnenland in Gewässernähe

JAN.	FEB.	MÄRZ	APRIL	MAI	JUNI	JULI	AUG.	SEPT.	OKT.	NOV.	DEZ.

NAHRUNG:

Allesfresser

MERKMALE:

Weißes Gefieder, grauer Rücken, brauner Kopf (Brutkleid), rote Beine und Schnabel

BESONDERHEIT:

Lachmöwen brüten in Kolonien, die manchmal mehrere Tausend Brutpaare umfassen.

NAME: **Silbermöwe**

an der Küste, weniger im Binnenland

JAN.	FEB.	MÄRZ	APRIL	MAI	JUNI	JULI	AUG.	SEPT.	OKT.	NOV.	DEZ.

NAHRUNG:

Allesfresser

MERKMALE:

Weißes Gefieder, grauer Rücken, schwarze Flügelspitzen, gelber Schnabel

BESONDERHEIT:

Silbermöwenpartner erkennen sich am Ruf, auch im Gekreische großer Brutkolonien.

123 bis 148 cm

54 bis 60 cm

Sobald Möwen auf dem Wasser landen, nehmen sie in der Regel ein ausgiebiges Bad. Beobachte, wie sie immer wieder untertauchen, sich drehen und wenden, ihr Gefieder schütteln, mit dem Schnabel reinigen und wieder in Form bringen.

Gesehen und notiert:

FISCHJÄGER UNTER WASSER

Fisch ist ihre Lieblingsspeise, und auch wenn Haubentaucher und Kormoran sich so gar nicht ähnlich sehen, beide können hervorragend tauchen.

Verwechseln kannst du die beiden nicht: Kormorane sind groß und überwiegend schwarz. Die deutlich kleineren Haubentaucher haben einen dunkelbraunen Rücken, einen weißen Hals und einen auffälligen schwarz-rotbraun-weißen Kopf. Du findest sie auf allen größeren Gewässern, in denen es viele Fische gibt. Die erbeuteten Fische verschlucken sie in einem Stück und mit dem Kopf voran. Haubentaucher brüten an Gewässern mit einem großen Schilfgürtel.

Sie bauen ein schwimmendes Nest aus Wasserpflanzen. Nach dem Schlüpfen folgen die kleinen Haubentaucherküken ihren Eltern. Sie sind Nestflüchter und können sofort schwimmen. Junge Kormorane sind dagegen Nesthocker. Sie kommen nackt und blind zur Welt. Ihre Eltern versorgen sie im Nest, bis sie flügge sind. Kormorane brüten in großen Kolonien auf Bäumen an Seen und Flüssen oder Klippen am Meer.

Wichtig zu wissen!

Häufig siehst du Kormorane mit ausgebreiteten Flügeln am Ufer oder auf Bäumen sitzen. So trocknen sie ihr nasses Gefieder. Im Unterschied zu anderen Wasservögeln saugen sich ihre Federn mit Wasser voll, damit sie besser tauchen können.

luftgetrocknet

60 bis 80 cm

46 bis 51 cm

NAME: Haubentaucher

JAN.	FEB.	MÄRZ	APRIL	MAI	JUNI	JULI	AUG.	SEPT.	OKT.	NOV.	DEZ.

NAHRUNG:	MERKMALE:	BESONDERHEIT:
Fische	Braunes Gefieder, schwarz-rotbraun-weißer Kopf und Hals, rote Augen	Typischer Balztanz: „Pinguintanz" auf dem Wasser mit heftigem Kopfschütteln.

Federhaube

NAME: Kormoran

JAN.	FEB.	MÄRZ	APRIL	MAI	JUNI	JULI	AUG.	SEPT.	OKT.	NOV.	DEZ.

NAHRUNG:	MERKMALE:	BESONDERHEIT:
Fische	Schwarzes Gefieder, Kopf im Brutkleid mit weißen Flecken, grau-gelber Schnabel	Der hakenförmige Schnabel ist ideal zum Festhalten nasser, zappelnder Fische.

120 bis 150 cm

80 bis 100 cm

Pech, schon alles besetzt

Gesehen und notiert:

Schau mal! Haubentaucher schwimmen mit ihren Jungen spazieren. In den ersten Wochen nach dem Schlüpfen dürfen sie auf dem Rücken der Eltern mitfahren. Siehst du den kleinen Kopf, der aus dem Gefieder hervorschaut?

72

Reiherenten-männchen

KÖPFCHEN IN DAS WASSER ...

... Schwänzchen in die Höh'! Wie eine Wippe kippen die Stockenten nach vorn, tauchen mit Kopf und Hals unter Wasser und strecken den Schwanz nach oben.

So untergetaucht suchen Stockenten mit dem Schnabel am Grund flacher Gewässer nach Wasserpflanzen und kleinen Tieren. Diese Art der Nahrungssuche wird Gründeln genannt. Stockenten sind die am weitesten verbreiteten Gründelenten. Du kannst sie überall leicht entdecken, sogar auf größeren Gartenteichen. Die ebenfalls sehr häufigen Reiherenten gehören dagegen zu den Tauchenten. Sie können bis zu 15 Meter tief tauchen. Am liebsten fressen sie Muscheln und Schnecken.

Die Männchen erkennst du an ihrem schwarz-weißen Gefieder und dem auffälligen schwarzen Federschopf am Hinterkopf. Der Federschopf der Weibchen ist kleiner und ihr Gefieder dunkelbraun, damit sie beim Brüten auf dem Nest gut getarnt sind.

Erstaunlich!

Damit Enten nicht über ihre Füße im Winter wertvolle Wärme verlieren oder auf dem Eis festfrieren, wird das warme Blut, das aus dem Körper in die Füße strömt, vom kalten Blut aus den Füßen heruntergekühlt. Kalte Füße zu haben ist also für Enten ganz normal.

Coole Füße

etwa 95 cm

50 bis 65 cm

NAME: **Stockente**

045

JAN.	FEB.	MÄRZ	APRIL	MAI	JUNI	JULI	AUG.	SEPT.	OKT.	NOV.	DEZ.

NAHRUNG:

Pflanzen, Samen, Insekten und Schnecken

MERKMALE:

♂ braune Brust, schillernd grüner Kopf, gelber Schnabel; ♀ braunes Gefieder

BESONDERHEIT:

Männchen und Weibchen haben leuchtend blaue sogenannte Flügelspiegel.

blauer Flügelspiegel

Erpellocke

73

NAME: **Reiherente**

046

JAN.	FEB.	MÄRZ	APRIL	MAI	JUNI	JULI	AUG.	SEPT.	OKT.	NOV.	DEZ.

Federschopf

NAHRUNG:

Muscheln, Schnecken, Samen und Insekten

MERKMALE:

♂ schwarzes Gefieder mit weißen Seiten, Federschopf; ♀ dunkelbraun

BESONDERHEIT:

Reiherenten brüten gern in der Nähe von Lachmöwen. Die sind besonders wachsam.

etwa 70 cm

40 bis 47 cm

Gesehen und notiert:

Hast du schon einmal bemerkt, dass Enten nicht nass werden, obwohl sie vorwiegend im Wasser sind? Wie die meisten Vogelarten haben sie eine Hautdrüse, in der ein öliges Sekret gebildet wird. Dieses Bürzelöl ist wasserabweisend. Regelmäßig verteilen sie das Öl mit ihrem Schnabel im Gefieder und fetten es gründlich ein.

Die Bürzeldrüse sitzt auf der Oberseite der Schwanzwurzel.

Typische Flugformation ...

... zum Beispiel von Graugänsen

NESTFLÜCHTER AUF ENTDECKUNGSREISE

Kaum aus dem Ei geschlüpft, schon geht das Abenteuer los – für junge Graugänse und Höckerschwäne ist das Nest ab jetzt nur noch zum Schlafen da.

Winzig kleine Federknäuel purzeln über die Wiese oder schwimmen auf dem Wasser. Neugierig erkunden sie die nähere Umgebung. Sobald das letzte Küken geschlüpft ist, verlässt die ganze Familie das Nest, und die Vogelkinder folgen ihren Eltern. Nur zum Schlafen geht es ins Nest zurück. So ist das bei Nestflüchtern wie Graugänsen und Höckerschwänen. Die Küken kommen schon sehr weit entwickelt zur Welt. Sie haben bereits ein erstes wärmendes Federkleid.

Sofort nach dem Schlüpfen können sie sehen, hören, laufen, schwimmen und nach Nahrung suchen. Beobachte, wie die kleinen Küken immer wieder nach Insekten auf der Wasseroberfläche picken. Ihre Eltern füttern und betreuen sie aber, bis sie ausgewachsen sind. Graugänse und Höckerschwäne bleiben meistens bis zur nächsten Brutzeit als Familie zusammen.

So ein Gewimmel! Sind noch alle da? Jetzt bloß nicht verzählen!

Schau mal!

20 junge Küken, die mit einer Gans oder einem Gänsepaar unterwegs sind? Nein, du hast dich nicht verzählt, sondern einen Gänsekindergarten entdeckt. Hier betreuen Altvögel den Nachwuchs mehrerer Eltern.

NAME: **Graugans**

JAN.	FEB.	MÄRZ	APRIL	MAI	JUNI	JULI	AUG.	SEPT.	OKT.	NOV.	DEZ.

etwa 165 cm

75 bis 90 cm

NAHRUNG:	MERKMALE:	BESONDERHEIT:
Pflanzen	Graubraunes Gefieder, orangefarbener Schnabel	Graugänse an Parkteichen sind oft sehr zutraulich.

NAME: **Höckerschwan**

JAN.	FEB.	MÄRZ	APRIL	MAI	JUNI	JULI	AUG.	SEPT.	OKT.	NOV.	DEZ.

etwa 220 cm

145 bis 160 cm

NAHRUNG:	MERKMALE:	BESONDERHEIT:
Pflanzen	Weißes Gefieder, Hals S-förmig, orange-farbener Schnabel mit schwarzem Höcker	Höckerschwanpaare bleiben lebenslang zusammen.

Gesehen und notiert:

Junge Höckerschwäne erkennst du
ganz leicht. Sie sind einfarbig graubraun,
auch der Schnabel ist grau. Erst im zweiten
Jahr nach dem Schlüpfen bekommen sie ihr
schneeweißes Federkleid.

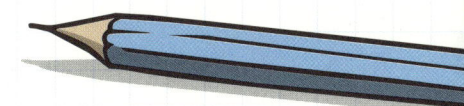

SCHLAFEN AUF EINEM BEIN

Junger Graureiher

Wie lange kannst du auf einem Bein balancieren? Weißstörche und Graureiher schlafen sogar auf einem Bein, ohne das Gleichgewicht zu verlieren und umzukippen.

Im Gegensatz zu uns Menschen besitzen Weißstörche und Graureiher ein zweites Gleichgewichtsorgan im Rücken. Es ist für die Kontrolle des Gehens und Stehens zuständig und hilft ihnen dabei, ihren Körper stabil zu halten. So können sie problemlos auch für längere Zeit auf einem Bein stehen, selbst bei starkem Wind. Aber wozu ist das nützlich? Weißstörche und Graureiher gehören zu den Schreitvögeln. Sie haben lange, federlose Beine.

Damit können sie durch tiefes Wasser waten und nach Nahrung suchen. Doch bist du schon einmal stundenlang durch kaltes Wasser gelaufen oder bei kühlem Wetter in kurzer Hose und barfuß spazieren gegangen? Dabei bekommst du schnell kalte Füße und frierst schließlich am ganzen Körper – so geht es auch Vögeln mit langen Beinen. Deswegen heben sie abwechselnd ein Bein an und schieben es unter ihr wärmendes Bauchgefieder.

Wichtig zu wissen!

Weißstörche gehören zu den Langstreckenziehern. Nach der Brutzeit ziehen sie in ihre Winterquartiere nach Afrika. Sie überqueren die Sahara und fliegen teilweise bis in das 10 000 km weit entfernte Südafrika.

Zur Begrüßung wird erst einmal geklappert.

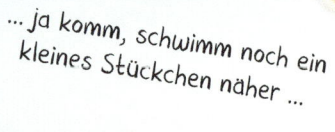

... ja komm, schwimm noch ein kleines Stückchen näher ...

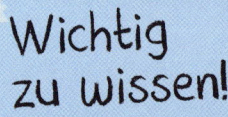

NAME: Graureiher

049

auch auf Feldern und Wiesen

JAN.	FEB.	MÄRZ	APRIL	MAI	JUNI	JULI	AUG.	SEPT.	OKT.	NOV.	DEZ.

NAHRUNG:

Fische, kleine Säugetiere, Frösche und andere Amphibien

MERKMALE:

Graues Gefieder, Hals und Kopf weiß mit schwarzer Federhaube, gelber Schnabel

BESONDERHEIT:

Graureiher brüten auf Bäumen in Kolonien.

etwa 185 cm

90 bis 98 cm

Federhaube

77

NAME: Weißstorch

050

JAN.	FEB.	MÄRZ	APRIL	MAI	JUNI	JULI	AUG.	SEPT.	OKT.	NOV.	DEZ.

NAHRUNG:

Kleine Säugetiere, Würmer, Insekten, Frösche und andere Amphibien

MERKMALE:

Weiß mit schwarzen Flügeln, roter Schnabel und Beine

BESONDERHEIT:

Störche verständigen sich durch lautes Schnabelklappern, daher Klapperstorch.

etwa 165 cm

100 bis 115 cm

Gesehen und notiert:

Im Flug sehen sich Graureiher und Weißstörche sehr ähnlich. Mit ein wenig Übung kannst du sie jedoch leicht unterscheiden: Graureiher ziehen ihren Kopf beim Fliegen ein. Weißstörche fliegen dagegen mit lang ausgestrecktem Hals.

ENTDECKT!

78

MEIN FUND-PROTOKOLL:

Notiere hier deine Entdeckungen. Wie viele Vögel aus diesem Kapitel hast du schon gefunden?

Meine spannendste Beobachtung:

WAS MIR NOCH AUFGEFALLEN IST:

1. Höckerschwanküken schwimmen manchmal auf dem Rücken der Mutter mit.

2. Lachmöwen jagen schwärmende Insekten in der Luft.

3.

UNBEDINGT NOCH HERAUSFINDEN:

1. Wie lange kann ein Weißstorch auf einem Bein stehen?

2. Wie klingt der Ruf von Blässrallen?

3.

Mein Schnapp-schuss

ORT:

DATUM:

UHRZEIT:

Beste Aussicht auf die Beute

IN DEN BERGEN

Warst du schon einmal in den Bergen? Hier herrscht eine besondere Stille und du kannst das Rufen der Kolkraben und Alpendohlen schon von Weitem hören.

Ob in den tieferen Lagen der Mittelgebirge oder den hohen Bergen der Alpen. Einige Vogelarten haben sich besonders gut an die bergige Landschaft angepasst. Auf einer Wanderung gibt es daher immer viel zu entdecken.

Über den höchsten Gipfeln kreisen Steinadler auf der Suche nach Nahrung. Oberhalb der Waldgrenze ist die Alpenbraunelle zu Hause. An klaren Gebirgsbächen hüpfen Gebirgsstelzen und Wasseramseln über die Steine. Lass dich überraschen!

Hungriges
Gebirgsstelzenküken

Suchbild

STEINE SIND DIE BESTE TARNUNG

Die eine braucht saubere, steinige Bäche, die andere lebt in der felsigen Landschaft oberhalb der Baumgrenze.

Hast du beim Wandern schon einmal einen Bach durchquert und dich gefragt, ob sein Wasser sauber ist? Achte auf Gebirgsstelzen. Sie leben nur an fließenden Bächen und Flüssen mit sauberem Wasser. Ihr bevorzugter Lebensraum sind Bäche mit bewaldetem, kiesigem Ufer, mit Felsen und verschiedenen Strömungsverhältnissen. Dort jagen sie Insekten, Fliegen, Flohkrebse und andere kleine Tiere.

Um die graubraun gefärbten Alpenbraunellen zwischen den Felsen zu entdecken, musst du genau hinschauen. Du findest sie nur im Hochgebirge. Sie leben oberhalb der Baumgrenze und halten sich überwiegend am Boden auf. An felsigen Berghängen oder auf kurzgrasigen Wiesen suchen sie zwischen Steinen und Geröll nach Insekten, Würmern, Spinnen und Samen. Im Winter kommen Alpenbraunellen zur Nahrungssuche auch in die Täler.

Lange Beine –
besser als Gummistiefel

Schau mal!

Siehst du die langen Beine der Gebirgsstelze? Damit kann sie im flachen Wasser waten oder von Stein zu Stein hüpfen und nach Nahrung suchen. Ihr Gefieder bleibt dabei trocken. So ist sie hervorragend an das Leben an Bächen und Flüssen angepasst.

Tarnung ist alles.

82

NAME: Gebirgsstelze

051

auch an Fließgewässern im Flachland

JAN.	FEB.	MÄRZ	APRIL	MAI	JUNI	JULI	AUG.	SEPT.	OKT.	NOV.	DEZ.

NAHRUNG:

Insekten und Spinnen

MERKMALE:

♂ gelbe Unterseite, schwarze Kehle, langer, schwarzer Schwanz; ♀ hellere Kehle

BESONDERHEIT:

Gebirgsstelzen bauen ihr Nest immer nahe am Wasser in Nischen oder Aushöhlungen.

etwa 26 cm

17 bis 20 cm

schwarze Kehle

83

NAME: Alpenbraunelle

052

nur in den Alpen

JAN.	FEB.	MÄRZ	APRIL	MAI	JUNI	JULI	AUG.	SEPT.	OKT.	NOV.	DEZ.

NAHRUNG:

Insekten, Spinnen und Samen

MERKMALE:

Graubraunes Gefieder oben und seitlich mit Längsstreifen, weiße, gepunktete Kehle

BESONDERHEIT:

Alpenbraunellen brüten im Hochgebirge oberhalb der Baumgrenze.

etwa 31 cm

30 bis 32 cm

Gesehen und notiert:

Vor allem im Winterhalbjahr halten sich Alpenbraunellen oft in der Nähe von Berghütten oder Liftanlagen auf. Sie sind in der Regel nicht sehr scheu. Du kannst dich den kleinen Vögeln meist bis auf wenige Meter nähern.

ZWEI ZUM VERWECHSELN ÄHNLICH

Auf den ersten Blick kannst du Wasseramseln und Ringdrosseln durchaus verwechseln. Beide Arten sind etwa gleich groß und sehen sich sehr ähnlich.

Doch wenn du genauer hinschaust, wirst du die Unterschiede schnell erkennen. Ringdrosseln haben ein schwarzes Gefieder mit einem kleinen weißen Brustlatz. Ihre Unterseite ist weiß geschuppt. Außerdem sind ihre Flügel und ihr Schwanz lang und spitz.

Sie bewohnen Bergwälder mit freien Flächen bis zur Baumgrenze und sitzen gern erhöht auf Baumspitzen oder Felsen. Das Gefieder von Wasseramseln ist dagegen dunkelbraun. Ihre Brust ist leuchtend weiß. Sie haben kurze, runde Flügel, mit denen sie sehr geschickt schwimmen und unter Wasser tauchen können. Dort machen sie Jagd auf Insektenlarven, Flohkrebse und andere kleine Wassertiere. Du findest sie immer in der Nähe von Bächen und Flüssen. Wasseramseln brüten gut versteckt in einem Kugelnest.

Mit den Steinen grau in grau

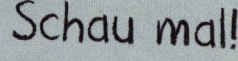
Schau mal!

Achte auf die Färbung der Weibchen von Ringdrosseln. Sie sind viel blasser und unauffälliger gefärbt als die Männchen. So sind sie beim Brüten auf dem nach oben offenen, napfförmigen Nest bestens getarnt.

NAME: Wasseramsel

etwa 29 cm

17 bis 20 cm

JAN.	FEB.	MÄRZ	APRIL	MAI	JUNI	JULI	AUG.	SEPT.	OKT.	NOV.	DEZ.

NAHRUNG:

Insekten und Spinnen

MERKMALE:

Dunkelbraunes Gefieder, weiße Brust

BESONDERHEIT:

Die einzigen Singvögel, die unter Wasser tauchen und schwimmen können.

weiße Brust

NAME: Ringdrossel

054

38 bis 42 cm

24 bis 27 cm

weißes Brustband

JAN.	FEB.	MÄRZ	APRIL	MAI	JUNI	JULI	AUG.	SEPT.	OKT.	NOV.	DEZ.

NAHRUNG:

Insekten, Würmer und Beeren

MERKMALE:

♂ schwarzes Gefieder, weißes Brustband; ♀ schwarzbraun, braungraues Brustband

BESONDERHEIT:

Im Flug fallen die silbrig schimmernden hellen Flügel auf.

Wasseramseln findest du nur an klaren Bächen und Flüssen mit steinigem Untergrund. Oft sitzen sie gut sichtbar auf einem Stein. Ringdrosseln leben an steinübersäten Berghängen und in lichten Nadelwäldern. Sie sind schwieriger zu entdecken und scheu.

Gesehen und notiert:

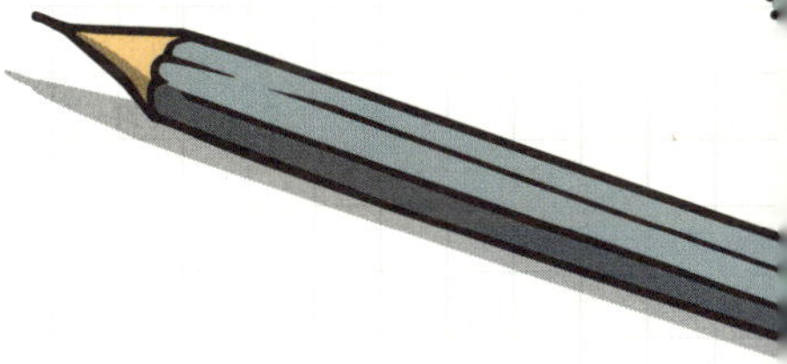

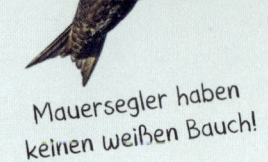

EIN LEBEN IN DER LUFT

Mauersegler haben keinen weißen Bauch!

86

Willst du bei uns den Alpensegler beobachten, musst du nach Baden-Württemberg kommen. Hier haben sie ihre nördlichste Kolonie.

Blitzschnell und mit laut trillernden Rufen „Tri ti-titititi..." saust er vorbei. Bei dem Versuch, einen durch die Luft jagenden Alpensegler mit den Augen zu verfolgen, kann dir schwindlig werden. Noch bevor du ihn richtig erkannt hast, ist er schon um die nächste Felswand oder Häuserecke verschwunden. Alpensegler verbringen die meiste Zeit ihres Lebens in der Luft.

... auf dem Weg zum Nest.

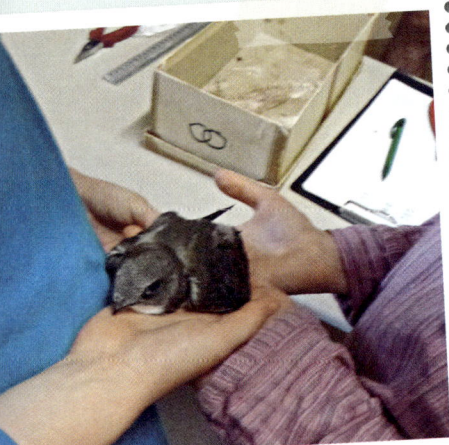

Hier beim Beringen ist die NAJU-Jugendgruppe Freiburg dabei.

Aktion Alpensegler!

In einem Gemeinschaftsprojekt betreut der NABU in Freiburg zusammen mit der Hebelschule Alpensegler. Zur Brutzeit erhältst du unter www.alpensegler-freiburg.de über zwei Web-Cams einen spannenden Einblick in die Kinderstube.

Sie ernähren sich von Insekten und kleinen Spinnen, die von Wind und Wärme in die Luft getragen und dort im Flug gefangen werden. Zur Brutzeit landen sie an Felswänden oder hohen Gebäuden. Dort bauen sie in Höhlen, Nischen und Spalten ihre Nester. In Deutschland brüten Alpensegler in einigen Städten im Südwesten, vor allem in Baden-Württemberg. Dort kannst du sie leicht beobachten.

51 bis 58 cm

20 bis 23 cm

NAME: Alpensegler

nur in den Alpen und in einigen Städten im Südwesten Deutschlands

055

JAN.	FEB.	MÄRZ	APRIL	MAI	JUNI	JULI	AUG.	SEPT.	OKT.	NOV.	DEZ.

NAHRUNG:

Insekten und Spinnen

MERKMALE:

Braunschwarzes Gefie-
der, leuchtend weißer
Bauch und weiße Kehle,
sichelförmige Flügel

BESONDERHEIT:

Alpensegler können
bis zu 200 Tage und
Nächte ohne Pause in
der Luft bleiben.

weißer
Bauch

weiße
Kehle

Um Alpensegler zu finden, musst du
nach oben schauen und den Himmel absuchen.
Im Gegensatz zu den viel kleineren Schwalben
sitzen sie nie auf Ästen oder Dächern, sondern
fliegen immer in der Luft.

Gesehen und notiert:

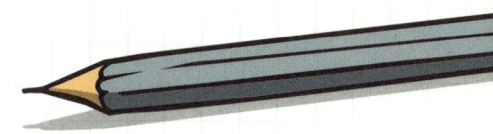

88

SCHWARZE FLUGAKROBATEN

Alpendohlen und Kolkraben sind wahre Flugkünstler. Beobachte, wie geschickt sie die Aufwinde im Gebirge zum Segeln und Gleiten nutzen.

Bist du manchmal zum Wandern oder Skifahren in den Alpen? Achte auf Alpendohlen mit ihrem metallisch pfeifenden Rufen, vor allem, wenn du dich oberhalb der Baumgrenze befindest. Die geselligen Vögel sind meistens in Schwärmen unterwegs. Sie sind für ihre akrobatischen Flugkünste bekannt: Langsam lassen sie sich von den Aufwinden nach oben tragen. Dann stürzen sie mit angelegten Flügeln pfeilgerade oder sich im Kreis drehend wieder herunter.

Die viel größeren Kolkraben kannst du im Frühling bei ihrer beeindruckenden Flugbalz beobachten. Zu zweit fliegen sie hoch in die Luft und lassen sich dann gemeinsam mit halb zusammengeschlossenen Flügeln atemberaubend schnell in die Tiefe fallen. Dabei können sie für kurze Zeit sogar mit dem Rücken nach unten fliegen.

Besuch auf der
Berghütte

Wichtig zu wissen!

An Berghütten oder Picknickplätzen hüpfen Alpendohlen oft bis auf wenige Zentimeter heran. Dann kannst du sie super beobachten. Siehst du die roten Füße und den gelben Schnabel?

NAME: Alpendohle

056

nur in den Alpen

JAN.	FEB.	MÄRZ	APRIL	MAI	JUNI	JULI	AUG.	SEPT.	OKT.	NOV.	DEZ.

NAHRUNG:	MERKMALE:	BESONDERHEIT:
Allesfresser	Schwarzes Gefieder, gelber Schnabel, rote Beine	Brüten einmal im Jahr, bevorzugt in Felsnischen, leben in Dauerehe

etwa 70 cm

36 bis 39 cm

NAME: Kolkrabe

057

auch im Mittelgebirge und in Wäldern des Flachlands

JAN.	FEB.	MÄRZ	APRIL	MAI	JUNI	JULI	AUG.	SEPT.	OKT.	NOV.	DEZ.

NAHRUNG:	MERKMALE:	BESONDERHEIT:
Allesfresser	Einfarbig schwarz	Kolkraben sind die größten Singvögel der Welt, sie leben in Dauerehe.

120 bis 130 cm

54 bis 67 cm

Gesehen und notiert:

Kolkraben haben eine Flügelspannweite bis zu 130 cm und sind damit sogar größer als Mäusebussarde. Du erkennst sie im Flug an ihrem keilförmigen Schwanz und den lauten Rufen: „Kraa – kraa – kraa", die du meist schon von Weitem hören kannst.

Alpendohlen sind deutlich kleiner.

DER KÖNIG DER LÜFTE

Was für ein majestätischer Anblick! Mit seinem dunkelbraunen Federkleid und dem goldbraunen Kopf und Nacken sieht er wahrhaft königlich aus.

Früher wurde der Steinadler deshalb auch Goldadler genannt. Er ist nach dem Seeadler der zweitgrößte Greifvogel Deutschlands. Trotz ihrer Größe können Steinadler hervorragend fliegen und sind erstaunlich wendig. Sie können sich im Flug sogar kurzzeitig auf den Rücken drehen. Im Sturzflug sausen sie mit einer Spitzengeschwindigkeit bis zu 320 km/h durch die Luft. Ihre normale Fluggeschwindigkeit beträgt 50 km/h.

Kein Wunder, dass der Steinadler auch König der Lüfte genannt wird. Seine Beute ergreift und tötet er mit den Krallen. In den letzten Jahrhunderten wurde er vom Menschen fast ausgerottet. Heute steht er unter Schutz, und mit etwas Glück kannst du ihn in den Alpen beobachten.

Bei Frost wärmt der König der Lüfte seine Füße mit seinem Bauchgefieder.

Ich bin der Erste!

Wichtig zu wissen!

Steinadler legen meistens zwei Eier. Das zuerst geschlüpfte Junge ist oft kräftiger, weil es sich bei der Fütterung besser durchsetzen kann. Wenn es nur wenig Nahrung gibt, stirbt der schwächere Jungvogel.

190 bis 225 cm

75 bis 88 cm

NAME: Steinadler

nur in den Alpen

JAN.	FEB.	MÄRZ	APRIL	MAI	JUNI	JULI	AUG.	SEPT.	OKT.	NOV.	DEZ.

NAHRUNG:

Säugetiere bis zur Größe eines Rehs, Reptilien, Vögel und Aas

MERKMALE:

Dunkelbraunes Gefieder, kräftiger Schnabel, ♂ kleiner und leichter als ♀

BESONDERHEIT:

Steinadler können in der Freiheit ein Alter von 30 Jahren erreichen.

Du erkennst Steinadler an ihren langen Flügeln mit den deutlichen Flügelspitzen, die wie Finger aussehen. Sie kreisen mit leicht V-förmig angehobenen Flügeln. Auf der Suche nach Beute fliegen sie oft paarweise in niedriger Höhe die Berghänge entlang.

Gesehen und notiert:

Altvogel

Jungvogel

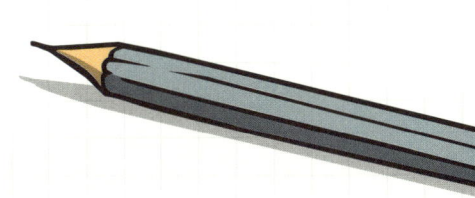

ENTDECKT!

MEIN FUND-PROTOKOLL:

Notiere hier deine Entdeckungen.
Wie viele Vögel aus diesem Kapitel
hast du schon gefunden?

Meine spannendste Beobachtung:

WAS MIR NOCH AUFGEFALLEN IST:

1. Das schwarze Gefieder von Kolkraben schimmert metallisch grün oder violett.

2. Alpensegler haben einen gegabelten Schwanz.

3.

UNBEDINGT NOCH HERAUSFINDEN:

1. Wo bauen Steinadler ihr Nest?

2. Wie sehen die Jungvögel der Wasseramsel aus?

3.

Mein Schnapp-schuss

ORT:

DATUM:

UHRZEIT:

SCHNELLE SUCHE
MIT STICHWORTEN

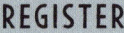

IMPRESSUM

Mit Fotos von: S. 65 aaltair/shutterstock; S. 20 o., 32 u.r. AlekseyKarpenko/shutterstock/fotolia; S. 8 (Feder), 61 Alfred Limbrunner; S. 74 o.r. Ana Gram/shutterstock; S. 85 u.r., 87 Andrew M. Allport/shutterstock; S. 56 u.l. arenysam/shutterstock; S. 14 o., 54 m. Bachkova Natalia/shutterstock; S. 88 u.l. beketoff/fotolia; S. 4 m.l., 71, 83, 88 Bildagentur Zoonar GmbH/shutterstock; S. 38 u.l. (fliegend) Bohus Cicel/shutterstock; S. 31 u.l. candy1812/fotolia; S. 70 u.l. Christian Musat/shutterstock; S. 26 u.r. colin robert varndell/shutterstock; S. 40 u.r. Cristian Gusa/shutterstock; S. 76 u.r. Cristina Annibali/shutterstock; S. 4 u.r. Daniela Strauß; S. 22 u.r. David J Martin/shutter-stock; S. 29 dirkr/shutterstock; S. 63 u.l. Dmitry Naumov/fotolia; S. 13 u.r. Eric Isselée/fotolia; S. 57 u.m.l., 84 u.l. Erni/shutterstock; 37, 38 u.r., 40 u.l., o.r., 42 u.r., 47 u.r., 48 u.l., 49, 50, 52 u.l., 53, 54 u.l., 56 r., 57 u.m.r., 63 u.r., 64 u.l., 68 u.l., o.r., u.r., 69, 70 u.r. o., 72 u., 74 u.r., 76 u.l., 82 u.l. Frank Hecker; S. 30 l., o.r., 34 u.r., 36 u.r., 39, 46 (gr. Bild), 51 u.l., 52 u.r., 66 u., 80 (gr. Bild), 84 m.u. Frank Leo/fokus-natur.de; S. 22 o., 22 u.l., 86 o.r. Gallinago_media/shutterstock; S. 86 u.l. Gisela Friederich/NAJU, NABU, Freiburg; S. 4 u. hakase420/fotolia; S. 26 o. Ian Grainger/shutterstock; S. 58 u.r. IanRedding/shutterstock; S. 47 u.l. lanych/fotolia; S. 76 o.l. Jeppe Kristensen/shutterstock; S. 56 o.r. jgolby/shutterstock; S. 74 u.l. jo Crebbin/shutterstock; S. 42 o.r. Johannes Jensås/fotolia; S. 86 m. Jonathan Hornung/wikimedia Commons; S. 72 m. Jozef_Culak/shutterstock; S. 82 o.l. Karel Gallas/shutterstock; S. 20 o.m., 12 (gr. Bild) kart31/fotolia; S. 27 kim takhyz-sviridov/shutterstock; S. 30 o.m., 62 (gr. Bild) Leekris/fotolia; S. 81 u.l. Lsantilli/fotolia; S. 75 Marco Rolleman/shutterstock; S. 59 Mark Bridger/shutterstock; S. 25 martinettlinger/shutterstock; S. 82 o.l. Martin Pelanek/shutterstock; S. 16 u.r. Michal Pesata/shutterstock; S. 2 o.l., 11 u. MNStudio/fotolia; S. 85 u.l. Morten Ekstroem/shutterstock; S. 34 o.r. MyImages – Micha/shutterstock; S. 24 u.r. niobamed/fotolia; S. 62 u. peteri/fotolia; S. 6 o. Phimak/fotolia; S. 14 m. photomaster/shutterstock; S. 46 u. Pixelmixel/fotolia; S. 14 u.m. PJ photography/shutterstock; S. 42 u.l. Porojnicu Stelian/shutterstock; S. 17 Robert Keresztes/shutterstock; S. 2 o.r., 30 (gr. Bild) rock ptarmigan/shutterstock; S. 67 Sanit Fuangnakhon/shutterstock; S. 26 u.l. Sebastian Knight/shutterstock; S. 5 u., 58 u.l. scooperdigital/shutter-stock; S. 72 o.l. sebastianosecondi/shutterstock; S. 55 SERGEI BRIK/shutterstock; S. 7 (Vogelhäuschen) Sergey Orlov/shutterstock; S. 72 o.r., 79 shaftinaction/shutterstock; S. 54 o.r. Smiler99/shutterstock; S. 68 u.l. Sue Harper Photography/shutterstock; S. 32 o.r. Targn Pleiades/shutterstock; S. 16 l., 30 u., 38 u.l., 64 u.r., 66 o.l., 73, 80 u., 81 u.r., 88 u.r., 90 u.r., o.l., u.l. Torsten Pröhl/fokus-natur.de; S. 82 u.r. Txanbelin/shutterstock; S. 28 Videopoint/shutterstock; S. 23 Viktor Loki/shutterstock; S. 20 u.l., 41, 48 m. Vishnevskiy Vasily/shutterstock; S. 32 o.l. Vitaly Ilyasov/shutterstock; S. 24 u.l. xpixel/shutterstock; S. 18 YK/shutterstock

Mit Illustrationen von: Esther von Hacht: 8 m. l. (Amselspur), 8 m. (Feder Mäusebussard), 8 m. r. (Feder Taube), 9, (Apfel, Schnecke, Zapfen), 52 (Nuss, Baumstamm mit Nuss), 66 u. l. (Entenspur); Paschalis Dougalis: 3, 6, 13, 17 m. l., 18, 19 u. l., 27 o. r., 28, 31, 35, 38, 43 o. r., 57, 58, 61, 64, 65 m. l., 67 o. r., 69 m. l., 73 o. r. (Weibchen), 77 u. r., u. l., 81, 83, 84, 85, 87, 89, 91, 92, 93; Steffen Walentowitz: 5, 8, m. (Schwanenspur), 10, 11, 15, 17 o. r., 19 o. r., 19 m. l., u. r., 21 o. r., m. l., 23, 25, 27 m. l., 33, 37, 39, 41, 43 m. l., 43 u. m., 44, 45, 47, 48, 49, 51, 53, 55, 59, 60, 65 o. r., 67 m. l., 69 o. r., 71, 73 m. l., 73 o. r. (Männchen), 74, 75, 77 o. r., 77 m. l., 78, 79; Wolfgang Lang 21 u.;

Umschlaggestaltung von Andrea Köhrsen unter Verwendung folgender Bilder: (Spatzen auf Ast) nataba/fotolia; (Hintergrund Gras) Konstiantyn/fotolia; (Storch) Paschalis Dougalis; (Rauchschwalbe, Eisvogel/Illustration) Steffen Walentowitz; (Eisvogel/Foto) Sumruay Rattanataipob/shutterstock;

Gestaltung der Vogeluhr von Andrea Köhrsen unter Verwendung folgender Illustrationen: Scheibe: Paschalis Dougalis (Blaumeise), Steffen Walentowitz (Rotkehlchen, Rauchschwalbe); Innenscheibe und Rückseite: Paschalis Dougalis (Hausrotschwanz), Steffen Walentowitz (alle anderen).

Unser gesamtes lieferbares Programm und viele weitere Informationen zu unseren Büchern, Spielen, Experimentierkästen, DVDs, Autoren und Aktivitäten findest du unter kosmos.de

MIX
Papier aus verantwortungsvollen Quellen
FSC® C084279

Gedruckt auf chlorfrei gebleichtem Papier

© 2018, Franckh-Kosmos Verlags-GmbH & Co KG, Stuttgart
Alle Rechte vorbehalten
ISBN: 978-3-440-15476-2
Redaktion: Dr. Heike Herrmann
Layout: Andrea Köhrsen, Kiel
Satz: Walter Typografie & Grafik GmbH, Würzburg
Produktion: Verena Schmynec
Druck und Bindung: Print Consult GmbH, München
Printed in Slovakia / Imprimé en Slovaquie

Haftungsausschluss

Alle Angaben in diesem Buch erfolgen nach bestem Wissen und Gewissen. Sorgfalt bei der Umsetzung ist indes dennoch geboten. Der Verlag und der Autor übernehmen keinerlei Haftung für Personen-, Sach- oder Vermögensschäden, die aus der Anwendung der vorgestellten Materialien und Methoden entstehen können.

ENTDECKEN. ERKENNEN. ERLEBEN.

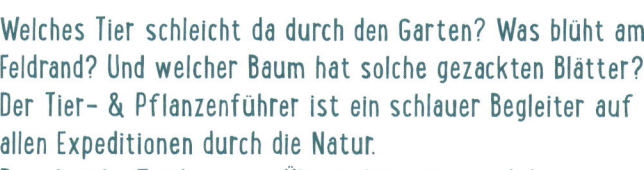

256 Seiten. €/D 9.99

Welches Tier schleicht da durch den Garten? Was blüht am Feldrand? Und welcher Baum hat solche gezackten Blätter? Der Tier- & Pflanzenführer ist ein schlauer Begleiter auf allen Expeditionen durch die Natur.
Detailreiche Zeichnungen. Übersichtsseiten und der Farbcode helfen beim schnellen Bestimmen von über 200 heimischen Tier- und Pflanzenarten.

jeweils 112 Seiten. €/D 8.99

Diese Naturführer stellen die wichtigsten Tierarten und Pflanzen in Mitteleuropa vor. Zusätzlich liefern sie viele nützliche Tipps und Tricks zum Selbermachen. Beobachten und Bestimmen. Kompetent und kindgerecht zeigen sie die spannende WELT DER NATUR.